GRUNDLAGEN UND GEDANKEN ZUM VERSTÄNDNIS
ERZÄHLENDER LITERATUR

ALFRED ANDERSCH: SANSIBAR ODER DER LETZTE GRUND

von

KURT SOLLMANN

VERLAG MORITZ DIESTERWEG
Frankfurt am Main

Die Reihe wird herausgegeben von Hans-Gert Roloff.

Die Deutsche Bibliothek – CIP-Einheitsaufnahme

Sollmann, Kurt:
Alfred Andersch: Sansibar oder der letzte Grund / von Kurt Sollmann. – 1. Aufl. – Frankfurt am Main: Diesterweg, 1994.
(Grundlagen und Gedanken zum Verständnis erzählender Literatur)
ISBN 3-425-06163-1

ISBN 3-425-06163-1

1. Auflage 1994

Umschlaggestaltung: Reinhard Schubert, Frankfurt am Main
Gesamtherstellung: graphoprint, Koblenz

Inhalt

1 Allgemeine Grundlagen

1.1 Andersch in seiner Zeit: Literarisch gespiegelte Autobiographie

In einem ersten literarischen »Portrait« von 1962 hat Max Bense, Wissenschaftstheoretiker, Philosoph und Bekannter aus der gemeinsamen Stuttgarter (Rundfunk-)Zeit, Andersch (1914-1980) telegrammartig zu fassen versucht:

> »Generation 1914, kleinbürgerlicher Herkunft, Bayer, Gymnasiast in München, Buchhändlerlehrling, Büroangestellter, Unzufriedener, Brillenträger, Radfahrer, Pfeifenraucher, Rilke-Leser, kommunistischer Jugendorganisationsleiter, Revolutionär, Häftling, Illegaler, Soldat, Einzelgänger, Revisionist, Abtrünniger, Antifaschist, Antibolschewist, Deserteur, Kriegsgefangener in den USA, Gründer und Redakteur der Zeitung ›Der Ruf‹, Rückkehrer, Europäer, Dialektiker, Oppositioneller, Nonkonformist, Gründer des ›Abendstudios‹ am Sender Frankfurt, Herausgeber der Reihe ›studio frankfurt‹, Redakteur am Norddeutschen Rundfunk in Hamburg, Chef des ›radio-essays‹ am Süddeutschen Rundfunk, Herausgeber der Zeitschrift ›Texte und Zeichen‹, Entdecker und Förderer jüngerer, experimenteller und engagierter Literatur, Autotourist, Kenner Italiens, Frankreichs und Skandinaviens, konkreter Journalist für seltene Fälle, existentielle Intelligenz als Hörspielschreiber, Funkschriftsteller, Filmautor, Kritiker, Lyriker und Romancier, schließlich freier Schriftsteller, wohnhaft in Berzona im Tessin, Bewunderer Stendhals, Josef Conrads und der Amerikaner des 20. Jahrhunderts, aber auch Becketts, Genets, Arno Schmidts, Adornos und Koeppens, von bewußter, aber an sich haltender Radikalität, immer ein wenig linker Hegelianer, auch Neigungen zum religiösen Sozialismus« (Über Alfred Andersch, S. 19 f.).

Ergänzungen und Korrekturen ließen sich anbringen. Möglicherweise ist der »Brillenträger« weniger bemerkenswert als der Sartre-Bewunderer, sind die »Neigungen zum religiösen Sozialismus« durch konkrete politische Vorstellungen eines demokratischen Sozialismus zu ersetzen. Indes kündet Benses Vokabularium von Anderschs vielfältigem Wirkungskreis, auch von der Bedeutung seiner literarischen und kulturpolitischen Aktivitäten; mögliche Widersprüche und Ambivalenzen bleiben allerdings unpointiert. So steht nicht nur der Rilke-Leser neben dem Organisationsleiter des Kommunistischen Jugendverbandes Südbayern, nicht nur der KZ-Häftling neben dem Weltkriegssoldaten und dieser neben dem Deserteur, der Sartre-Rezipient neben dem Jünger-Apologeten, auch der engagierte und etablierte Kulturpolitiker und Schriftsteller der 50er Jahre steht neben dem zurückgezogenen Dichter im fernen Tessin der 60er Jahre, der für das neue Engagement der 68er Jahre, auch großer Teile der Kollegenschaft, eher bittere Töne verlauten läßt, um dann in die resignierende Innerlichkeit der 70er Jahre mit seinem Gedicht *artikel 3 (3)* (1976) eine Rückmeldung zu plazieren, die zu wirklicher politischer Stellungnahme und auch Polarisierung provozierte.

Auf den ersten Blick betrachtet, schließt Andersch somit in seinem letzten Jahrzehnt, zumal mit den großen politischen Werken *Winterspelt* (1974) und *Der Vater eines Mörders* (1980), wieder an die eingreifenden Anfänge der Jahre nach 1945 an. Der genaue Blick jedoch wird zeigen, daß die zwischenzeitlichen Irritationen und Rückzüge, wie sie die Kollegen und das begleitende Feuilleton wahrgenommen haben, das vordergründige Hin und Her von Engagement und Desengagement, zumal eigentümlich wider die Läufe des Zeitgeistes, eingelassen sind in die subtilen Reflexionen über die bei Andersch dominierende Frage nach der Eigengesetzlichkeit des künstlerischen Prozesses der Literatur einerseits und ihrer gleichzeitigen Verpflichtung auf die gesellschaftliche Realität andererseits.

Andersch geht in vielem den typischen Weg des erst begeistert rührigen und dann zeitweilig enttäuschten Intellektuellen der Jahre und Jahrzehnte nach 1945. Dennoch entzieht er sich griffigen Formeln, gewohnten Zuordnungen, erst recht dem alles erklärenden Gestus. Gruppenaktivität und Rückzug auf das reflektierende Ich, der Konnex von Aufklärung und Erzählkunst, der Glaube an die Macht der Literatur, manche Ablehnung der öffentlichen Diskussion (»elitär«, so der häufige Vorwurf) und die bleibende Hoffnung gerade darauf, Isolation als Selbstverordnung und Einmischung als Provokation – all dies eignet einem Typus des literarischen Intellektuellen. Der besonderen biographischen Existenz, immer in Geltung gebracht und in reflexivem Selbstbezug die gesellschaftliche Wahrnehmung steuernd, verdankt sich die ausnehmende Variante und die partielle Besonderheit von Anderschs Entwicklung.

Anderschs formale Möglichkeiten und polyvalente Interessen zeigen eine bemerkenswerte Breite und Vielfalt. Er beherrschte den großen politischen Essay ebenso wie die literarische oder historische Miniatur, er schrieb Reisebilder und kulturpolitische Erörterungen, unterzog sich der Anstrengung ästhetischer Theoriebildung, porträtierte manchen Zeitgenossen aus Literatur, Musik und bildender Kunst, fungierte als Herausgeber kämpferischer und esoterischer Zeitschriften, schuf als Verantwortlicher vorbildliche Radiosendungen, entdeckte so manchen Autor (Enzensberger, Walser), kämpfte um die Anerkennung lange verkannter Kollegen (Arno Schmidt), verschaffte Aufträge und Brot, »nutzte die Sendeanstalten als Überlebenskassen für schon wieder verrufene Schriftsteller« (Koeppen, in: Zu Alfred Andersch, S. 9). Als »Entdecker, Förderer und Programmatiker für die Nachkriegsliteratur« (Jendricke 1988, S. 7), der die Möglichkeiten des Literaturbetriebes einschließlich der modernen Medien zu nutzen wußte, hatte er eine Macht, für die die heutige Terminologie das Wort »Kulturpapst« bereithält. Allein Andersch blieb und machte sich wieder zum Einzelgänger und Außenseiter, dem letztlich der Literaturbetrieb suspekt war und der sich nicht als Repräsentant vereinnahmen lassen wollte. Früh angestrebtes und durch den Faschismus hinausgezögertes Ziel blieb ein Leben als »freier Schriftsteller«. Der Rückzug in den späten 50er Jahren war – so sehr die demokratischen Illusionen verflogen waren, Kalter Krieg, Antikommunismus und Wiederbewaffnung gesiegt hatten – auch und nicht zuletzt der Wunsch nach »Abgeschlossenheit und Konzentration« (Enzensberger, Interview, in: Über Alfred Andersch, S. 208) fürs Schreiben, das für ihn gesellschaftliche Praxis war, Arbeit an »einer permanenten Revolution«, zu der »jedes gelungene Kunstwerk« beiträgt (Andersch, Einige Zeichnungen, S. 30).

Gerade darin wird der beständige (auto-)biographische Bezug deutlich, ebenso der historische Ort für das ästhetische Arrangement, das persönlich und bundesrepublikanisch vermittelt ist und in Konvergenzen und Divergenzen, zeitlichen Versetzungen und direkten Einlassungen, immer jedoch in vehementer Distanz zu jenem Mißverstehen der Literatur als Agitation besteht. Jede vulgäre Verwässerung der ästhetischen Eigengesetze der Literatur und Kunst (etwa während der Studentenbewegung) war ihm emotional ein Greuel und erschien ihm intellektuell von unredlicher Unbedachtsamkeit. Erst dadurch, daß Kunst und Literatur auf den ihnen eigenen Gesetzen beharren, vermögen sie die wahrhafte Substanz gesellschaftlicher Inhalte zu transportieren und gegen die vordergründige, propagandistische Lehre und Handlungsorientierung die gesellschaftliche Wahrheit als ästhetische Erkenntnis zu setzen, die weniger überzeugen als Möglichkeiten aufweisen will. So sind denn nicht die großen gesellschaftlichen Konflikte, nicht allgemeine Entfremdungsprobleme des Spätkapitalismus sein Thema, sondern die persönlich-sinnlichen Antinomien von Schicksal/Bindung und Freiheit, Handeln und Denken, politischem Engagement und künstlerischer Sensibilität.

Konzentrierteste Erfahrungszeit war ihm der Faschismus, seine lebenslängliche Prägung bekannte er noch in einem letzten Interview: »Den Vorwurf, ich könnte mich von der Vergangenheit nicht lösen, akzeptiere ich. Ich denke gar nicht daran, auf die Erörterung der Geschichte des deutschen Faschismus, die mein ganzes Leben bestimmt hat, zu verzichten; für mich war der Einbruch des Faschismus in die deutsche Geschichte subjektiv und objektiv das entscheidende Ereignis meines Lebens« (Andersch, Interview mit Peter Dahl und Rüdiger Kremer. In: konkret, Jg. 1980, Nr. 5, S. 38). Von hierher leitete er seinen Anspruch von der gesellschaftlichen Verpflichtung des Schriftstellers ab, deren Problematik er immer wieder theoretisch umkreiste, nur von hierher sind seine pointierten und konsequenten persönlichen Entscheidungen auf der Folie der bundesrepublikanischen Gesellschaftsgeschichte zu verstehen. Die beständige Präsenz der »gewissen historischen Erfahrungen« steuert Engagement und Rückzug, den beharrlichen Weg zum »freien Schriftsteller«, den unnachsichtigen Anspruch aufs eigene Veto.

Sieben Jahre nach der Befreiung vom Faschismus veröffentlichte Andersch seinen Bericht *Die Kirschen der Freiheit* (1952). Er war ein »Trompetenstoß in [die] schwüle Stille« der »dräunenden Remilitarisierung« (H. Böll, in: Über Alfred Andersch, S. 65) der mit viel hoffendem Enthusiasmus besetzten jungen Republik, ebenso die Neugeburt des literarischen Schriftstellers Andersch und der Beginn einer autobiographischen Bilanzierung, die ihn bis zum letzten Lebenstag beschäftigte in der nachgelassenen Erzählung *Der Vater eines Mörders* über den Vater des NS-Massenmörders Heinrich Himmler. Zwischenzeitlich fügt Andersch immer wieder weitere Bausteine diesem autobiographischen Werk hinzu – auch Teile seiner Romane *Sansibar* (1957), *Die Rote* (1960), *Efraim* (1967), *Winterspelt* (1974) sind verfremdete Varianten seiner beharrlichen Trauerarbeit, der er vergeblich kollektive gesellschaftliche Wirkung wünschte.

Auffälligerweise konzentrieren sich bedeutende Teile der erzählten Zeit des Vorfaschismus in der Hauptsache auf seine letzten 1 ½ Lebensjahrzehnte. »Franz Kien, der ich selber bin« (Der Seesack. Aus einer Autobiographie, S. 122), ist die

Hauptfigur in einer Reihe von Erzählungen, die die in den *Kirschen der Freiheit* erwähnten Ereignisse und Zusammenhänge präzisieren und stärker erzählerisch ausleuchten. Das niemals nur privat Gemeinte zeigt sich in der nunmehr maskierten auktorialen Erzählstrategie, die wie im Spätwerk Anderschs insgesamt komplizierte Entwürfe der Rollenperspektivierung realisiert. »Franz Kien«, eine Zusammenziehung zweier Namen aus Canettis *Die Blendung* (Wehdeking 1971, S. 110), ist im *Seesack* (1977) Gegenstand nochmaliger Reflexion, die den Prozeß des Sich-Erinnerns der Vergangenheit auch dem Zeitpunkt und Ort der gegenwärtigen Erinnerung unterstellt und ihr damit vertiefende Aspekte hinzugewinnt. Erhard Schütz hat Anderschs autobiographisches Unternehmen zu Recht neben Christa Wolfs *Kindheitsmuster* und Peter Weiss' *Ästhetik des Widerstands* gestellt (Schütz 1980 a, S. 43).

Neben den Franz-Kien-Texten – *Alte Peripherie* (1963), *Lin aus den Baracken* (1966), *Die Inseln unter dem Winde* (1971), *Brüder* (1971) und *Festschrift für Captain Fleischer* (1968) (alle Kien-Geschichten in: Das Alfred Andersch Lesebuch und in: Gesammelte Erzählungen) – und dem früheren Bericht *Kirschen der Freiheit* sind neuerdings früheste Erzählversuche in die biographische und thematische Rekonstruktionsarbeit einzubeziehen. Lange Zeit ging man davon aus, daß Andersch erst nach dem Krieg zu schreiben begonnen habe. Nachlaßhinweise, denen Wehdeking nachging, förderten noch manches zutage und zeigen, daß Andersch bereits in den frühen 40er Jahren prägende Jugendeindrücke erzählerisch verarbeitete. Die beständige literarische Spiegelung der Biographie zeigt nicht nur den fundamentalen Stellenwert der frühen Grunderlebnisse für das gesamte spätere Werk, sondern die ersten Zeugnisse verweisen auch auf einen Zusammenhang, der Hans Mayers Diktum aus den 60er Jahren, die Literatur nach 1945 bedeute die gleichzeitige Abkehr von Thomas Mann, relativiert. Mittlerweile hat die Forschung für nahezu alle namhaften Autoren nach 1945 nachhaltigere Kontinuitätsstränge entdeckt, die über die Vorbilder Benn, Kafka, Brecht, bzw. für das Andersch-Umfeld (der frühen Gruppe 47) Hemingway und Sartre hinaus zu den Autoren der Zwischenkriegszeit führen. Gerade Thomas Mann, dem Andersch in seinem programmatischen Essay von 1947 *Deutsche Literatur in der Entscheidung* die aktuelle Relevanz existentialistisch absprach, dessen demokratische Konversion und realistische Produktion er in dem großen Essay *Thomas Mann als Politiker* (*Mit den Augen des Westens*, geschr. 1950, veröff. 1955) gleichwohl feierte, hat für Andersch thematische und erzählstrategische Vorbildfunktion, die eher versteckt und weniger spektakulär als die irritierende Andersch-Nähe zu Ernst Jünger in den 70er Jahren um so tiefer und eindeutiger wirkte (Zu Alfred Andersch, S. 144 f.).

Anderschs erste literarische Schreibversuche zeigen in zweierlei Hinsicht Zeittypisches. Die Entsprechung von formaler Unsicherheit und unklar suchender geistiger Orientierung ist in ihrem beharrlichen biographischen Rekurs notwendige Hypothek vieler nichtfaschistischer Schriftsteller der Zwischenkriegsgeneration, besonders der zwischen 1910 und 1915 Geborenen. Politisch-soziale Krisenerfahrungen verstärken die unmittelbare Lebenswirklichkeit traditioneller Familienstrukturen. Für den jungen Andersch ist das Zusammenspiel beider Faktoren von besonderer Brisanz. Das dominante Erscheinungsbild des Vaters beschreibt Andersch in den Kategorien des wilhelminischen Familienmodells: patriarchalisch-autoritär und extrem nationalistisch. Der einer Hugenottenfamilie entstammende Weltkriegsoffizier fand sich im Zivilleben der Nachkriegskrisen kaum zurecht. Als ehemaliger Täter mitverantwortlich für seine späteren erfolglosen Versuche als Immobilienmakler und Versicherungsvertreter wußte er die Schuldigen anders zu benennen. Als »entehrter Held«, übersät mit »Dekorationen und Verwundungen«, wurden ihm von den Münchener Räterevolutionären bei der Heimkehr »die Achselstücke heruntergerissen« (Kirschen der Freiheit, S. 15). Dieser privat erfahrene »Dolchstoß« ließ ihn »die Niederlage Deutschlands zu seiner eigenen« machen (ebd., S. 18). Als Gründungsmitglied der »Thule-Gesellschaft« (neben Rudolf Heß und Alfred Rosenberg), die führend an der Zerschlagung der Münchener Räterepublik beteiligt war, als Ludendorff-Parteigänger und NSDAP-Parteimitglied am »Hitlerputsch« 1923 beteiligt, leistete er seinen Beitrag zur Rehabilitierung der »verratenen nationalen Sache« bis hin zum »Opfertod« 1929, als er seinen Weltkriegsverletzungen erlag.

Das reaktionäre Münchener Klima begleitet den jungen Andersch während der gesamten 20er Jahre. 1928 beginnt er 14jährig, nachdem er erfolglos das renommierte Wittelsbacher Gymnasium verlassen mußte, auf Vermittlung des Vaters bei dessen völkischem Gesinnungsfreund und NSDAP-Gründungsmitglied Lehmann eine Buchhandelslehre. Die Nähe zu Büchern trifft auf Vorbereitetes bei Andersch. Die nationalistische Verblendung des Vaters dementiert nicht die bildungsbürgerliche Tradition der Familie. Gymnasialprofessoren, Pfarrer und akademische Maler zieren das verwandtschaftliche Umfeld. Alfred Andersch sen. selbst war gelernter Antiquariatsbuchhändler. Hier mögen Gründe dafür liegen, daß sich Andersch trotz zunehmender politischer Entfremdung eine ergreifende Erinnerung an den Vater bewahrt hat. Ausgerechnet Helander in *Sansibar*, der sich als Pfarrer gegen die Gestapo mit der Armeepistole gewaltsam zur Wehr setzt, trägt – allerdings in personaler Überblendung mit Anderschs Gemeindepfarrer – charakteristische Züge des Vaters als Vorbild.

Deutschtümelnder Nationalismus, paternalistische Autorität und nicht zuletzt das qualvolle Dahinsiechen des Vaters lassen den jungen Andersch in Gegenwelten flüchten. Schloß Schleißheim vor den Toren Münchens ist mit dem Fahrrad erreichbar, der eintrittsfreie Sonntag gehört den Bildern der Pinakothek. Die später gekonnte Handhabung der Farben, ihre leitmotivisch-symbolische Überhöhung schafft sich hier erste Grundlagen. Rimbaud- und Rilke-Verse entlasten und nähren Eigenes. Auf die Frage seines Direktors Gerhard Himmler, was er werden wolle, antwortet Franz Kien »Schriftsteller« und provoziert Sprachlosigkeit (Der Vater eines Mörders, S. 89). Verbürgt ist die Anekdote über den jungen Andersch, der seinen deutschen Hausaufsatz verabsäumt hatte und den geforderten Vortrag aus dem Stegreif minutenlang erledigt. Doch die Regelverletzung wog schwerer als die ungewöhnliche artistische Bewältigung. Relative Selbstvergewisserung, Unverständnis und Ausgestoßensein forcierten den Gang nach innen.

»Ich vergaß so die Toten der Revolution, die Langeweile von Neuhausen, die Schulmisere, die Deklassiertheit meiner kleinbürgerlichen Familie, ja selbst das Stöhnen meines Vaters, und begann mein eigenes Leben, indem ich durch die Gitterpforte der Pubertät und des Schlosses zu Schleißheim in den Park der Literatur und der Ästhetik eintrat« (Kirschen der Freiheit, S. 20). Der Hinweis auf die »Toten der Revolution« reflektiert früheste Erfahrungen des 5jährigen, der die Liquidierung der Räterevolutionäre vom eigenen Balkon in München-Neuhausen, dem Fabrikarbeiter- und Kleinbürgerviertel, miterlebte (ebd., S. 9). Die eigene Arbeitslosigkeit schärfte den Blick auf die politisch-soziale Situation, auch in produktiver Kontrapunktik zum Vater. Sinclairs und Barbusse' sozialkritische Romane, Münzenbergs KPD-nahe »Arbeiter-Illustrierte-Zeitung«, die kapitalismusanalytischen Schriften der 3. Internationale (Varga, Bucharin) werden heimlicher Lernstoff neben Brecht und Feuchtwanger. Die gehegte Vermutung, »hinter dem Leben, das ich im Moment lebte«, warteten »noch tausend andere auf mich« (ebd., S. 32), formt sich zur Gewißheit und »Entscheidung für den Kommunismus«, »zwar ein Protest gegen das Elternhaus«, jedoch auch »aus Überzeugung« (ebd., S. 25). Vordergründig konsequent mündet die Negation der Herkunft des »kleinbürgerlichen Intellektuellen« in Organisationsaktivität. 18jährig wird Andersch Organisationsleiter des kommunistischen Jugendverbandes Südbayern. Politische Artikel für die Parteizeitung, Schulungen, auch literarische Fortbildungsabende, z. B. mit Oskar Maria Graf, bestimmen die neue Welt des Funktionärsalltags. Allein der moralische und spröde Intellektualismus, unbewußt auch als distanzierender Willensakt angelegt, mit dem Andersch die kommunistische Bewegung besetzte, konnte nur enttäuscht werden, zumal in Bayern, das nicht Berlin war. Während hier die Parteiintellektuellen die marxistische Theorie aufarbeiteten, die Illegalität beschworen und gleichzeitig theoretisch die Chancen der Revolution ausloteten, hatten sich das ökonomisch deklassierte Kleinbürgertum und die Ressentiments der enttäuschten Nationalisten längst auf die »Schlagworte der billigsten Lösung« (Andersch Lesebuch, S. 143), Hitler, geeinigt. Die komplizierte Ausgangslage der eigenen Partei, die kurze, jedoch geschichtsträchtige antipodische Stellung zur anderen Arbeiterpartei, der SPD, die ideologischen Interventionen aus Moskau, die in linksradikaler Manier einerseits die autoritäre Verfassungspraxis ab 1930 bereits als Faschismus bestimmte, andererseits Möglichkeiten einer eigenen Revolution herbeiredete, überforderten und enttäuschten die rigide Moralität und den emotionalen Aktionsdrang des jungen Parteigängers. Er vermißte »den Befehl zur Aktion« (Kirschen der Freiheit, S. 37), die Widerstandskoalition KPD und SPD, den Bürgerkrieg, der in der Betrachtung von 1952 möglicherweise den Weltkrieg verhindert hätte. Anderschs Kritik aus abgeklärter, nahezu 20jähriger Distanz trifft die »deterministische Philosophie« (ebd., S. 37), den unflexiblen bürokratischen Schematismus, der »die Freiheit des Willens [zu wählen] leugnete« (ebd.), und mündet im hypothetischen Bereich alternativer Geschichtsspekulationen. Fabio in *Die Rote*, Gregor in *Sansibar*, Hainstock in *Winterspelt* variieren diesen Problemzusammenhang auf die ihnen eigene, kontextgebundene Weise.

»Nachträgliche Erklärungen sind niemals stichhaltig« (Kirschen der Freiheit, S. 46), heißt es etwas später. Nicht nur die Fehler der Partei, auch persönliche Schwächen und Versäumnisse weisen den weiteren Weg. Andersch berichtet, wie er als Augenzeuge im März 1933 eine brutale SA-Aktion gegen das Münchner Gewerkschaftshaus mit geballten Fäusten in lähmender Passivität erlebt – »ich stieß den Schrei nicht aus« (ebd., S. 35) –, wie er in den 30er Jahren sich eingereiht sieht in die »Heil« schreiende Menge und über sich selbst erschrocken ist. Fehler, Versagensängste, Resignation, Kleinmut stiften wichtige Verweisungszusammenhänge, verstärkt durch frühe, persönliche KZ-Erfahrungen in Dachau (einschließlich des Miterlebens der Ermordung zweier Juden) von März bis Mai 1933, vor deren weiterreichenden Konsequenzen ihn nur die nationalen Verbindungen der Mutter retten. Die nochmalige Verhaftung im September 1933 und die Freilassung, verbunden mit weiterer Gestapoaufsicht, führen zum endgültigen Bruch mit der Partei, »zur Emigration aus der Geschichte« (ebd., S. 46).

Die Italienreise von 1939 mit anschließendem ersten Zugang zu literarischen Kreisen in München und die Hamburger Zeit von 1937 bis 1940 in der Werbeabteilung der Leonarwerke sind für Andersch Jahre der inneren Emigration, in denen er die »Verfolgungsneurose« (ebd., S. 45), das Trauma von Verhaftung und Überwachung, literarisch zu schützen sucht. Rilkes »Weltinnenraum« steuert die literarische Rezeption, erste eigene Versuche künden vom naturlyrischen Existentialismus Heideggerscher Art. Die Schreibsituation fordert Introversion als Stabilisierung gegen die allgemeine Krise.

Der gereifte Intellektuelle von 1952 bietet für den Rückzug soziologische Deutungen an: »Das war im Sinne Kierkegaards die ästhetische Existenz, marxistisch verstanden der Rückfall ins Kleinbürgertum, psychoanalysiert eine Krankheit als Folge des traumatischen Schocks, den der faschistische Staat bei mir erzeugt hatte« (ebd., S. 46). Der gereifte Künstler erst findet zur sinnlich-konkreten Umsetzung; der Anspruch einer Synthese von Erzählkunst und Aufklärung findet erst im Zyklus der Franz-Kien-Geschichten seine Realisierung. Die Daten der erzählten Zeit 1928, 1930, 1932, 1933, 1939, 1945 künden von den zentralen historischen Zusammenhängen, in die die scheinbare Privatheit der biographischen Beobachtungen eingelassen ist (vgl. Wehdeking 1983, S. 116). Bezeichnenderweise behandelt der letzte große Text die jüngste Phase der erzählten Zeit. 1928 hat der 14jährige Franz Kien eine Schulstunde durch den »Vater eines Mörders« über sich ergehen zu lassen, die in zugleich umfassendster und konzentriertester psychologischer Beobachtung die sozialpolitischen Dimensionen von Herrschaftsverhältnissen verdeutlicht und damit Erziehung und Geschichte als wesentlichste Weichenstellung für menschliche Entwicklung in Geltung bringt.

Für Andersch ist alles andere als Monokausalität oder Eindimensionalität das Programm. Im »Nachwort für Leser« (Vater eines Mörders, S. 132) beansprucht er die analytische Leserleistung, die er durch Figuren, »die offen, geheimnisvoll bleiben«, in der Maskierung des alter ego, präsentiert in der dritten Person Singular, aktivieren will. Die »Freiheit zu wählen« – Anderschs gelebtes, biographisches Postulat – fordert er emanzipatorisch auch vom Leser.

Alte Peripherie (1963) behandelt vor dem Hintergrund des Arbeitslosenalltags in Münchens Arbeitervorstädten des Jahres 1930 Kiens Verrat an Freunden, die den trostlosen Alltag fliehen wollen. Die komplexe Struktur auktorialer Führung und Distanzierung sichert dem Leser Erörterungsmöglichkeiten über Kiens Motive zwischen Feigheit, individueller Arroganz und realistischer Lageeinschätzung. *Lin aus den Baracken* (1976) entwickelt psychosoziale Zusammenhänge im Umkreis des kommunistischen Jugendverbandes. Erste Liebe und Eifersucht, politische Bekenntnisse, Fremdheit gegenüber spröden Kapitalismustheoretikern und die doppelbödige Erfahrung der eigenen Intellektuellenrolle (zeitverwoben und ex post) werden durchsichtig, sensibel und distanziert im komplizierten Erzählverfahren eines Spätwerks dargeboten. Von durchgängig höchstem Anspruch und höchster Qualität sind alle Kien-Geschichten bis hin zur letzten Station der erzählten Zeit *Festschrift für Captain Fleischer* (1968), die in US-Kriegsgefangenenlagern spielt. Sie zeigt die schrittweise Lösung aus der Introversion hin zu tätigem Engagement, die die Rolle Anderschs nach 1945 vorzeichnet.

Lebensbiographisch ist diesem Bereich der erzählten Zeit die Entscheidung des Bau- und Besatzungssoldaten Andersch zur Desertion zu den Amerikanern am 6. Juni 1944 an der italienischen Front vorausgegangen. Die Flucht als vitalisierendes, existentielles Moment bleibt in verschiedenen Varianten und Abstufungen beständiges Leitmotiv in Anderschs Erzählungen und Romanen, wird hier als Desertion zur konsequenten Fortsetzung des ästhetisch optierten »Austritts aus der Geschichte«, zur Kunst des Lebens als geistiges Überleben. Die abverlangte Reaktion »totaler Introversion« auf »den totalen Staat« findet ganz im Stil und Gestus der Nachkriegs(schreib)zeit ihre existentialistische Überhöhung.

»In jenem winzigen Bruchteil einer Sekunde, welcher der Sekunde der Entscheidung vorausgeht, verwirklicht sich die Möglichkeit der absoluten Freiheit, die der Mensch besitzt. Nicht im Moment der Tat selbst ist der Mensch frei, denn in dem er sie vollzieht, stellt er die alte Spannung wieder her, in deren Strom seine Natur kreist. Aufgehoben wirkt sie nur in dem einen flüchtigen Atemhauch zwischen Denken und Vollzug. Frei sind wir nur in Augenblicken, in Augenblicken, die kostbar sind« (Kirschen der Freiheit, S. 84).

Ähnlich Anderschs Überlegungen zur Freiheit des Lesers im Rezeptionsvorgang ist auch hier die Inspiration Sartres spürbar. Nicht als Bindungslosigkeit, sondern als moralischer Anspruch freier Entscheidung gerade im Zustand deterministischer Vereinnahmung gewinnt die Freiheit eine utopische Qualität, die sich in positivem Handeln ebenso wie im Lektürevorgang realisieren soll. Die *Kirschen der Freiheit* als literarisches Werk fügen sich diesem Anspruch: nicht bloßes philosophisches Traktat, nicht bloße autobiographische Bilanzierung und Selbstvergewisserung, nicht nur wiedergewonnene Hinwendung zur literarischen Produktion, sondern auch politisch-zeitgenössische Stellungnahme in der scharfen, innenpolitischen Auseinandersetzung um die Remilitarisierung. Die umfängliche (77 Rezensionen), insbesondere konservative Kritik nach der Veröffentlichung verdeutlicht dies. Sie bezichtigte Andersch des Verrats, nannte ihn einen Emigranten und Denunzianten.

In drei Unterkapiteln »Die Angst«, »Die Kameradschaft«, »Der Eid« entlarvt Andersch die mythische Bindungskraft dieser Kategorien und postuliert im letzten Hauptkapitel die »Wildnis« gegen die konventionelle Ordnung und Abhängigkeit Selbstbestimmung und Freiheit als Grundlagen für das grundsätzlich Neue. Diese provozierende Dialektik machte Andersch in den 50er Jahren gleichzeitig zum Motor und zum Außenseiter. Denn seinen politischen und sozialen Vorstellungen entsprachen weder die Entwicklung des Kalten Krieges, weder die vorbehaltlose Westintegration der Bundesrepublik noch die innenpolitischen Weichenstellungen einer konservativen Kanzler-Demokratie und die Kontinuitätsstränge der personalen und sozioökonomischen Machtverteilung.

1.2 Ästhetik und Politik: Anderschs Positionen

Die reflektierte und praktizierte Desertion ist Anderschs erster Schritt aus der ästhetisch-plagiierten Introversion. Die folgenden Erfahrungen in amerikanischen Kriegsgefangenenlagern fördern und fordern seinen Wiedereintritt in die Geschichte.

Paradoxerweise vollzieht sich hinter Stacheldraht nicht nur für Andersch eine »sozialbiographische Regenerationsphase, die zum Ausgangspunkt des Weges in die (bundes-)deutsche Nachkriegsgeschichte und -literatur wurde« (Kröll 1979, S. 17). Nach KPD-Enttäuschung und eigener existentieller Innerlichkeitspoesie gewinnt Andersch in den Sonderlagern Fort Kearney und Fort Getty (bis Sommer 1945) in Rhode Island als später sogenannter »selected citizen of Germany« und »prioner of War Education Program« im linksliberalen Klima von F. D. Roosevelts »New Deal« und in den aufklärerischen Schulungen von US-Spitzenprofessoren (u. a. über deutsche Geschichte) eine neue kritische, geschichtliche Perspektive, die sich allerdings in ihrem weltumspannenden Syntheseanspruch von Freiheit und Sozialismus als Vision erwies. 15 Jahre später ist sie Andersch nunmehr eine lyrische »erinnerung an eine utopie« (empört euch der himmel ist blau, S. 16). In den Monaten des Kriegsendes und der Befreiung ist sie noch leidenschaftlicher und optimistischer Anspruch auf umfassendste demokratische Erneuerung und literarischen Neubeginn. Erste programmatische Äußerungen finden sich bereits im amerikanischen »Ruf«, einer Zeitung für deutsche Kriegsgefangene im Zeichen des Re-Education-Programms. Andersch und Hans-Werner Richter, die ab August 1946 in München die Zeitschrift »Der Ruf. Unabhängige Blätter der jungen Generation« herausgeben, sind bereits in den USA Mitherausgeber u. a. neben Walter Kolbenhoff und Curt Vinz, dem späteren Lizenzträger der Nymphenburger Verlangshandlung. Andersch schreibt Feuilletons und stellt amerikanische Schriftsteller vor. E. A. Poe, dessen Wirkungsästhetik später für ihn relavant wird, ist neben Hemingway wichtigste Entdeckung. Sparsamste Präsentation, Verzicht auf Erzählerkommentar, raffiniertes, modernes Erzählkalkül spiegeln die identitätsstiftende kriegstraumatische, existentiell erfahrene Isoliertheit der »lost generation«. In jenen Jahren jedoch dominierte der politische Publizist

Andersch, der befreite, verantwortungsbewußte Intellektuelle, getragen vom euphorischen Elan des Neubeginns. Die späte Selbstkritik »Warum habe ich, aus dem Krieg, aus dem Leben in eine Diktatur entlassen, nicht sofort geschrieben? [...]. Anstatt mit Schreiben habe ich meine Zeit mit Journalismus vergeudet« (Böse Träume, S. 64), läßt sich insbesondere auf dem Hintergrund der 70er Jahre nur als neuerliche Bestätigung der erfahrenen Enttäuschungen des Neubeginns (durch die entspannungsfeindlichen Supermächte) lesen. Nach der Rückkehr im Sommer 1945 und der kurzen Lehrzeit als Assistent Erich Kästners bei der unter der kulturpolitischen Gesamtverantwortung von Stefan Heym stehenden Münchener »Neuen Zeitung« geht Andersch mit Verve an die Gründung des deutschen »Ruf«. Er wird während der 16 Ausgaben von August 1946 bis März 1947 zur profiliertesten, auflagenstärksten (bis 120.000 Exemplare) politischen Zeitschrift der Nachkriegsjahre und für die Amerikaner zur Provokation. Die Konfrontation der eigenen Ideale mit der eigenen Praxis beantworteten sie mit der Ersetzung der alten Herausgeber durch den angepaßteren Erich Kuby, zugleich Mitglied der Zensurbehörde (information control devision).

Im großen Leitartikel der ersten »Ruf«-Nummer *Das junge Europa formt sein Gesicht* (August 1945) formuliert Andersch programmatische Ansprüche in der appellativen Rhetorik des Selbstverständnisses eines jungen, engagierten Autors, der bewußt die literarische Grenze überschreitet, um in direktem Einspruch die neue gesellschaftspolitische Verpflichtung zu demonstrieren. Die Fiktion einer tabula rasa, eines »Nullpunkts« als Wendepunkt, beschwört in der Kritik des schrankenlosen Kapitalismus und des bürokratischen Sozialismus einen »sozialistischen Humanismus« (Sartre) sozialer Gerechtigkeit und bürgerlicher Freiheit europäischen Ausmaßes. Die Ost-West-Symbiose soll nicht nur die polaren Strukturen von Liberalismus und Kollektivismus überwinden, sondern auch ein einheitliches, blockfreies, neutrales Deutschland als Mittler eines dritten Weges begründen. Andersch traf damit auf verbreitete Stimmungen nicht nur in der jungen, literarischen Intelligenz. Ein in die Formen bürgerlicher Demokratie eingelassener Wirtschaftssozialismus war spätestens seit 1918 beständiges Thema in der SPD und fand bis 1947 auch in der CDU programmatischen Ausdruck (»Ahlener Programm«). Sozialisierungsvorstellungen bei der Konzeption der Länderverfassungen spiegeln einen antifaschistischen Grundkonsens wider, wie ihm Andersch auch in der Kritik an der amerikanischen Kollektivschuldthese und der schleppenden Entnazifizierung Ausdruck verlieh. Allein die realpolitischen Interventionen der westlichen Besatzungsmächte zeigten die illusionäre Ferne zur praktischen Politik. Trumans »containment«-Politik ab Frühjahr 1947, die erfolglose Moskauer Außenministerkonferenz kurz danach, die amerikanischen Landungen in Griechenland und der Türkei, die sowjetischen Satellitenbestrebungen in Ost-Europa, mithin Teilungspolitik und Kalter Krieg machten die gutgemeinten Konzepte zur Makulatur. Dennoch bleibt dem »Ruf« im Nachhinein das Verdienst demokratischer Opposition gegen außen- und sozialpolitische Restauration und unselige Kontinuitäten, einer Opposition allerdings, die jenseits der gesellschaftlichen Kräfte und internationalen Mächtekonstellationen ein europäisch-sozialistisches Elitebündnis von Intellektuellen beredete. Zu ihnen zählte Andersch all jene, denen er im »Ruf« ein Forum bot zur erzieherischen Einwirkung auf die Massen und die neuen Funktionsträger: Arthur Koestler und Ignazio Silone, Stephen Spender und Erich von Kahler, Albert Camus, Jean-Paul Sartre und Simone de Beauvoir. Auch Ohnmacht als Kehrseite des emphatischen Intellektualismus formuliert Andersch nach dem erzwungenen Rücktritt als Herausgeber durch Druck der amerikanischen Lizenzbehörde eher noch als Skepsis gegenüber der Wirksamkeit von publizistischen Eingaben; die Linke mache noch mit in dem »großen Ideologien-Streit, während anderswo bereits die Kommandopositionen ausgehandelt werden« (Linkes Tagebuch, in: Neues Europa 1948, 16, S. 9). In der problematischen deutschen Komplementärformel von »Geist und Macht« notiert er bereits 1947: »Alles ist im Grunde begriffen und formuliert worden, der Geist hat die Situation bewältigt, aber er hat sie nicht verändert. Denn er ist ein Geist ohne Macht« (in: Neunzig 1979, S. 219). Doch die euphorische Überzeugung vom Neubeginn europäisch-demokratisch-sozialistischer Art beharrt einklägerisch-moralisch auf ihrer Notwendigkeit. Andersch lebt und formuliert damit typenbildend das Modell jenes Intellektuellen, der das geistige Vakuum nach 1945 mit antifaschistischen, antimilitaristischen und kosmopolitischen Werten neu zu besetzen gedenkt, mündend in der utopischen Paradoxie, die Grundbegriffe der modernen Demokratie, Freiheit und Gleichheit, miteinander zu versöhnen.

Das problematische, nicht traditionslose und dennoch veränderte Verhältnis von Schriftstellern und Politik in der Bundesrepublik hat hierin wichtige Wurzeln. Der Hinweis im Untertitel des »Ruf« auf die »junge Generation« kündet nicht nur vom Adressaten, sondern auch von der Absage an unpolitische Traditionen schriftstellerischen Selbstverständnisses. Verantwortung des Geistes für die Politik und der normative Anspruch, sie in die Tat umzusetzen, begründet sich in der Feststellung einer nie dagewesenen politischen und moralischen Katastrophe und dem prinzipiellen Verdacht gegen personale, soziale und politisch falsche Kontinuität. Die Selbstinstitutionalisierung der Intellektuellenrolle, entstanden noch im Stadium unorganisierter bürgerlicher Öffentlichkeit der unmittelbaren Nachkriegszeit, setzt auf die sozialrelevante Kraft der Argumente bei der demokratischen Willensbildung und definiert politische Kultur als solche des Widerspruchs gerade gegen das als Politik mißverstandene Rationalitätsverständnis der Macht und des Berufspolitikers. Die gegenintellektuelle Intellektuellenkritik der Schelsky (*Die Arbeit tun die anderen*, 1975) und Gehlen (*Das Engagement der Intellektuellen gegen den Staat*, 1978) in der Tradition von Max Weber (z. B. *Politik als Beruf*) auf dem Hintergrund der zur linksintellektuellen Schelte ausbeutbaren Terrorismusphobie der 70er Jahre findet gerade hierin ihren Kontrapunkt.

In einem selbstbewußt analysierenden, ohne Scheu wertenden Essay von 1947/48 *Deutsche Literatur in der Entscheidung* hat Andersch die erste Bestandsaufnahme der Literatur während des Nationalsozialismus vorgelegt und programmatische Neuorientierungen vorgegeben. Der Text erschien 1948 als Einzelbroschüre, nachdem er zuvor auf der zweiten Tagung der Gruppe 47 (November 1947 in Herrlingen) vorgetragen und wesentlich zur Fiktion einer Gruppenidentität beigetragen hat. Nach der erzwungenen Umbesetzung der »Ruf«-Redaktion und der Lizenzverweigerung für die geplante Nachfolgezeitschrift »Skorpion« ist die Gruppe 47 gleichzeitig ein weiterer Behauptungsakt selbständigen Denkens, die politisch ambitionierte Rolle des aufklärenden Schriftstellers unterstreichend, und eine weitere Variante des spezifisch-deutschen Antinomieverhältnisses von Geist und Macht. Schütz spricht pointierend von der »Abdrängung und Auswanderung der Intelligenz aus der Politik in die Literatur« (Schütz 1980 a, S. 24). Dieser Lesart kann man folgen, knüpft man beim zeitgenössischen aktuellen Selbstverständnis des »Rufs« an. In der Tat war der Antifaschismus der Gruppe um Andersch und Richter temporär gesellschaftspolitisch dominiert (Kröll 1979, S. 19 f.; Wehdeking 1977, S. 149), wenngleich von Beginn an traditionell literarisch motiviert, nicht zuletzt durch die Hypostasierung der Intellektuellen- und Literatenrolle. Ihre Überbewertung prägte das Nullpunkt-Pathos und führte durch die Realpolitik der Siegermächte schnell zur Ernüchterung. Sie steuert auch die nachträgliche kritische Perspektive der Beteiligten.

Die Entwicklung vom »Ruf« zur Gruppe 47 ist nur auf den ersten Blick die Ablösung der Politik durch die Literatur. Beide beschreiben Modelle des Widerstandes politisch ambitionierter Literaten, Gegenentwürfe gegen die restaurativen Tendenzen der bundesrepublikanischen Entwicklung, auch gegen die die Literaturszene manipulierende US-Kulturpolitik (vgl. Gehring 1976; Wehdeking 1977, S. 148, spricht gar vom »sterilem Lizenz-Purismus«). Sie sind mithin Ersatzfelder für eine kaum existierende Öffentlichkeit in Politik und Literatur, verstanden als Resonanz, kritischer Dialog und konstruktive Beeinflussung. Heinrich Böll hat in einer späteren Bewertung diesen Zusammenhang angesprochen: »Die Gruppe war (ist teilweise noch), was Deutschland nach 1945 fehlte: Treffpunkt, mobile Akademie, literarische Ersatz-Hauptstadt; und lange bevor es Mode wurde, war sie, was die bundesrepublikanische Gesellschaft inzwischen als selbstverständlich für sich in Anspruch nimmt: pluralistisch.« (vgl. Lettau 1967, S. 391) Anders als Richter, der sich seiner publizistischen Interventionen wegen nie gegrämt hat, erinnert Andersch diese Zeit unter Vorbehalt auf dem Hintergrund des kriegsbedingten verspäteten literarischen Debüts – »Ich habe ja jene 12 Jahre nichts anderes getan, als darauf gewartet, Schreiben zu können [...] Dies ist die traurige Geschichte vom langsam gefallenen Groschen.« *Böse Träume* nennt der bereits Sterbenskranke seine letzten autobiographischen Aufzeichnungen. Sie enthalten auch den Satz: »Die Erinnerungen an den ›Ruf‹ und die Gruppe 47 langweilen mich« (ebd., S. 64 f.), der nicht nur nicht die besondere Verantwortung des Intellektuellen dementiert, sondern gerade in der emotionalen Ablehnung des Versäumten und Nichterreichten das besondere Verhältnis von Politik und Literatur variiert.

Ebenso wie die sozialistischen Bekenntnisvarianten im »Ruf« vollzog sich – bei allem gern festzustellenden antifaschistischen Potential – auch die literarische Entwicklung vor dem Hintergrund disparater (wenn nicht diffuser) Lesebedürfnisse, verbildet durch den Nationalsozialismus, verunsichert durch die Kulturpolitik der Alliierten. Deren Maßnahmen von der Papierkontingentierung bis zur kompletten Lizensierung aller Druckerzeugnisse und Aufführungen verhinderten eine offene Literaturszene, mithin die notwendige Dialektik von Autor, Werk und Publikum. Als krasse und symptomatische Beispiele alliierter (amerikanischer) Interventionen ist nur an die Verbote der amerikanischen Verfilmung (1944) von A. Seghers' Roman *Das siebte Kreuz*, vom Gesamtwerk Faulkners, einiger Romane Hemingways und Dos Passos', bis zu Shakespeares *Kaufmann von Venedig* und Dickens' *Oliver Twist* zu erinnern (Gehring 1976, S. 147). Die allzuoft mißverständliche re-eduacation-konforme Steuerung von Verlagsprogrammen, von Film- und Theateraufführungen wurde 1948 durch die Währungsreform abgelöst von einem Eskapismus der Lesebedürfnisse, den der Markt als Ablenkung von der Trümmerwelt freisetzte. Mitchells *Vom Winde verweht* (1939), Seichtes und Komödiantisches, Sportillustrierten (820 % Steigerung der Auflage) und auch die *Quick* (Auflagenverzehnfachung) wurden die neuen Renner der entstehenden Trivial- und Boulevardkultur (vgl. Wehdeking 1977, S. 149).

Wo kein konziser Erwartungshorizont auszumachen war, wohl eine nur diffuse Geschmacksorientierung vorherrschte, mußte auch eine literarische Bestandsaufnahme und zukunftsweisende literarische Programmatik einen eher soziokulturellen Manifestcharakter annehmen: allgemeine Grundsätze der soziopolitischen Neuorientierung (erst 1947, als es zu spät war, wurden sie konkreter), Stellung und Stellenwert der Literatur innerhalb dieses gesellschaftlichen Prozesses und Fragen der persönlichen – existentiell gemeinten – verantwortungsvollen Entscheidung im politischen und literarischen Raum. Dieser an Sartre geschulte enge Konnex von Ästhetik und Moral ist Leitfaden des methodenreflektierenden Vorworts und des dritten und letzten Teils von Anderschs *Beitrag zur Analyse der literarischen Situation: Deutsche Literatur in der Entscheidung*.

Andersch bleibt linken Positionen verpflichtet, obwohl oder weil die politische Richtung nach rechts geht. Der Weg vom »Ruf« zur Gruppe 47 verschob objektiv die Gewichte, subjektiv war er die Fortführung als oppositionelle Auseinandersetzung mit der Realität, als letztlich ästhetisch inspirierter Anspruch politischer Durchdringung der Wirklichkeit mittels einer neuen Sprache, die neue Inhalte transportieren sollte.

Im Mißtrauen gegen die Sprache und in der Notwendigkeit ihrer Reinigung war man sich einig, denn »die Sprache war es ja gewesen, die sich zuerst hatte verführen lassen [...] Sie war auch zum nazistischen Spitzenreiter geworden. Mit dieser Verräterin jetzt Umgang zu haben, war ein arges Geschäft. Man beschränkte sich daher aufs Wesentliche [...] Schrieb wie gemeißelt [...] Warf mehr Wörter heraus, als man hereinnahm [...] Biß sozusagen in jedes Wort vor Gebrauch. Der Zunge bekam das nicht. Wohl aber der Schreibe. Sie war nicht gleich wieder lesbar. Aber sie war redlich«, sagte Wolfdietrich Schnurre in einem rückblickenden Interview (Literaturmagazin 7, S. 198), das die Linie bestätigt, die G. R. Hocke in seinem berühmten Kalligraphie-Essay in der November-Nummer des »Ruf« 1946 vorgezeichnet hatte, und das in der griffigen Sentenz »Angesichts des Leids korrigiert die Schönheit ihre Proportionen« kulminiert (Der »Ruf«. Eine deutsche Nachkriegszeitschrift. Hg. v. H. Schwab-Felisch. München 1962, S. 207).

Dies verallgemeinernd spricht Andersch vom »Gefühl einer völligen Voraussetzungslosigkeit«, vom »Vorgefühl eines originalen Neu-Werdens, für das es keine Muster und Vorbilder gibt [...] wie aus dem Zwang einer neuartigen Situation heraus, steht die junge Generation vor einer tabula rasa, vor der Notwendigkeit, in einem originalen Schöpfungsakt eine Erneuerung des deutschen geistigen Lebens zu vollbringen« (Deutsche Literatur in der Entscheidung, in: Andersch Lesebuch, S. 128 f.). Wenn einige Zeilen später die Zukunftsgewißheit dieser inhaltlich und sprachlich-formalen Renovierung beschworen wird, »unbeschadet des breiten Stroms der Kalligraphie, der immer noch den Vordergrund beherrscht« (ebd., S. 130), dann gerät das Nullpunkt-Pathos nicht nur zum behaupteten schöpferischen Gewinn, sondern sein Postulat wird zum nüchternen arbeitshypothetischen Votum auch gegen das traditionelle kulturelle Erbe, dessen Erklärungsmuster der »Katastrophe« eher metaphorisch und mythisch grundiert waren (vgl. z. B. E. Langgässers *Das unauslöschliche Siegel*, 1946; H. Kasacks *Die Stadt hinter dem Strom*, 1947; teilweise auch Thomas Manns *Doktor Faustus*, 1947, oder C. Zuckmayers *Des Teufels General*, 1946), als daß sie den nachzuahmenden Modellen der amerikanischen Realisten und französischen Existentialisten entsprachen. Allerdings gerät erst mit dem Auftreten einer neuen, quantitativ umfangreichen Schriftstellergeneration in den 50er Jahren (neben Andersch, Böll, Grass, Walser, Enzensberger, nicht zuletzt Koeppen, A. Schmidt) der Anspruch eines politisch inspirierten, ästhetisch versierten Realismus zu einem eigenen gelungenen Beitrag zur internationalen Moderne, gespeist durch die produktive Wiederentdeckung und Rezeption Kafkas und Brechts, auch Benns und Thomas Manns.

Die allgemeinen Rahmenbedingungen bildeten neben den alliierten Vorgaben institutionell verfügter Voraussetzungen literarischer Produktionsmöglichkeiten einerseits, andererseits die konträren, theoretisch beglaubigten Pole kultureller Befindlichkeit im Nachkriegsdeutschland, wie sie zum einen etwa Adorno in einer eher pessimistischen, destruktiven Logik der Geschichte formulierte (*Minima moralia. Reflexionen aus dem beschädigten Leben* 1951 [Frankfurt 1984, z. B. S. 61]), zum anderen etwa Friedrich Meineke (*Die deutsche Katastrophe. Betrachtungen und Erinnerungen*, 1946) als naive Rehabilitierung kulturidealistischer Grundpositionen behauptete. Die letztliche Ambivalenz der Orientierungsmuster der »jungen Generation« zwischen dem Bewußtsein eines Traditionsbruchs (Korrumpierung der Sprache, Wertezerstörung durch den Faschismus) und der unreflektierten Reaktivierung tradierter Werte (freie Selbstbestimmung, kulturräsonierende Öffentlichkeit, autonome Sphäre literarischer Reflexion, z. B. in der Gruppe 47) hat Ronald Schneider (1981) in einem die Forschungssituation kritisch gewichtenden Aufsatz herausgearbeitet. Anderschs Positionen bestätigen diese zwiespältige Haltung. Seine der Gruppe 47 vorgetragenen Überlegungen zur *Deutschen Literatur in der Entscheidung* bleiben bei der zugrundeliegenden Theoriefeindlichkeit der Gruppe und ihrem Primat spontaner handwerklicher Kritik die Ausnahme und führten mittelfristig zu Anderschs Distanzierung von Gruppengeschehen.

Andersch gliedert seine analytische Musterung der jüngsten Literatur zunächst nach zwei Bereichen: »Deutsche Literatur als innere Emigration« und »Deutsche Literatur als offener Widerstand«. Der methodische Wertungsbegriff erspürt in der postulierten Verantwortung des literarischen Intellektuellen die politischen Implikationen der ästhetischen Umsetzung, verdeutlicht den engen »Zusammenhang zwischen der literarischen Form, dem künstlerischen Gehalt der Literatur, und ihrer Beteiligung oder auch ihrer Nicht-Beteiligung an dem Phänomen des deutschen Irrtums« (Deutsche Literatur in der Entscheidung, in: Andersch Lesebuch, S. 113). »Stil« meint »die künstlerische Gesamthaltung eines Autors«. Derart sind »die Kategorien des Unmenschlichen und des Ästhetischen nicht zu vereinbaren [...] deutsche Literatur, soweit sie den Namen einer Literatur noch behaupten kann, war identisch mit Emigration, mit Distanz, mit Ferne von der Diktatur« (ebd., S. 113 f.). Die innere Differenziertheit des nichtexilierten Bereichs der deutschen Literatur entgeht dem potentiellen Jünger-Apologeten Andersch natürlich nicht. Neben den eindeutigen »Volkstümlern« (Grimm, Kolbenheyer, Schaefer, Strauss) und den eskapistischen »Kalligraphen« (Andres, Lange, Winkler u. a.) unterliegen jedoch auch die »Nachkommen der bürgerlichen Klassik (Hauptmann, Schröder, Carossa, Huch, von le Fort) letztlich einer klaren (Ab)wertung. Denn »bei aller Würdigung solcher Haltung« (gemeint ist »die Nicht-Beteiligung an dem Regime sowohl wie an dem gegen das Regime gerichteten Widerstand«) »kann man nicht die Unwirksamkeit und Hilflosigkeit diesen späten bürgerlichen Humanismus übersehen« (ebd., S. 117).

Ausgemachter Antipode dieses Scheiterns, an dem sich »die Gesetze des zuendegehenden bürgerlichen Jahrhunderts« erfüllen (ebd., S. 117 f.), ist für Andersch Thomas Mann. In Anspielung an die unerfreuliche Kontroverse um die innere Emigration, ausgelöst durch offene Briefe von Walter von Molo und Frank Thieß an Thomas Mann, in denen ihm das Recht abgesprochen wird, sich im Namen Deutschlands zu äußern, und die Leiden der inneren Emigranten als höherwertig gegen den »Eskapismus« der Exilierten ausgespielt wurden, formuliert Andersch: »In Wirklichkeit ist er niemals fortgewesen, wie schon seine leidenschaftliche publizistische Beteiligung an den Zeitfragen beweist« (ebd., S. 123). In der neutralisierenden Abgrenzung gegen die bloß selbstlegitimierenden Vorwürfe gegen Thomas Mann spricht Andersch gleichzeitig den eigentlichen Kristallisationspunkt seiner Beziehung zu Thomas Mann an. Sie ist Ergebnis einer langen Beschäftigung, die die ersten Erzählungen speist, die für die amerikanische »Ruf«-zeit nachweisbar ist und zur direkten Kontaktaufnahme während der Münchener »Ruf«-Zeit führt und schließlich im großen Essay von 1950 *Thomas Mann als Politiker* mündet. Publizieren konnte er diese Überlegungen erst im ersten Heft der eigenen Zeitschrift »Texte und Zeichen« (1955, S. 98). Ursprünglich geplant waren sie als Einleitung zu einer von Andersch selbst im Auftrage Bermann-Fischers zu besorgenden Zusammenstellung *Th. Mann, Politische Dokumente 1930-1950*. Thomas Mann hatte Anderschs Einleitung »aufrichtig gelobt«, sein Einverständnis mit der Veröffentlichung der Dokumente jedoch kurzfristig zurückgezogen, um nicht wieder »Stoff zu neuen gehässigen Diskussionen und

Kommentaren in Deutschland« zu geben (Thomas Mann, Briefwechsel mit seinem Verleger Gottfried Bermann-Fischer 1932-1955. Frankfurt/M. 1973, S. 537).

Nach der bisherigen skandalösen Beschimpfung Thomas Manns durch den Westen ahnte Andersch diese Reaktion, zumal er Thomas Mann nicht nur gegen die Politik des Westens, sondern auch gegen die des Ostens abgegrenzt hatte (vgl. Reinhardt 1990, S. 187). Bei aller Wahrung der Relationen zum Vorbild Thomas Mann und der eigenen scharfen tagespolitischen Abgrenzung gegen die Politik der Kommunistischen Parteien, fand Andersch Eigenes im Lichte des anderen: Repräsentanz, Verantwortung des Intellektuellen und Ablehnung der westlichen Restauration, die sich »im Bündnis mit dem nationalistischen Ressentiment gegen Thomas Mann« wendet (Andersch Lesebuch, S. 151). Anderschs wunschbildhafte Gegenwart und Zukunft ist eingeschrieben in Thomas Manns Vergangenheit und Gegenwart. Sie betrifft das in Vergangenheit und Gegenwart verfehlte, breiteste antifaschistische Bündnis ebenso wie das kämpferische Verhalten des Künstlers zur Politik, »diese pflichthafte Getriebenheit zum Politischen«, die »sich mit dem Realismus des künstlerischen Werks einig« weiß (ebd., S. 145). »Denn er ist unterrichtet. Er ist vorzüglich unterrichtet, er kann mitreden, und er redet mit« (ebd.). Zweifellos formuliert Andersch hier auch im Blick auf sich selbst, sieht Gemeinsames in der Ablehnung des konturlos Feinsinnigen und nur esoterisch Tiefen der inneren Emigranten und in der Aufklärungsverpflichtung der Literatur und des Literaten, dessen Fundament die kompetente Zeugenschaft in politisch-öffentlichen und literarischen Angelegenheiten ist. Humanes Politikverständnis und realistisches Kunst- und Literaturverständnis fügen sich zur Vorstellung einer neuen Symbiose von Geist und Macht, einem letztlich ästhetisch fundierten Wunschdenken.

Grundlage dieser Haltung ist ein radikal verstandener Ideologieverdacht – von Andersch gern auch als »Nonkonformismus« bezeichnet. Er ist eine Mischung aus (subjektiver) Vereinzelungserfahrung, bewußter Suche nach Vorbildern im Ausland als Reaktion auf den sensiblen Schwulst der inneren Emigranten und die »permanente Langweiligkeit unserer ›werthaltigen‹ Literatur« (Andersch Lesebuch, S. 132), angeleitet durch die zeitgenössische modische Orientierungshilfe des französischen Existentialismus, der seine Aktualität der apokalyptischen Gefühlslage der Zeit und dem Bewußtsein schöpferischen Neubeginns verdankt. Die Diskreditierung objektiver Wertvorstellungen im Faschismus ebenso wie in der zeitgenössischen Zuspitzung der internationalen Konfliktsituation führten zur Faszination einer ontologisch verstandenen Freiheits- und Entscheidungskategorie. Der existentialistische »Appell an die eigene Entscheidung« (ebd., S. 133) mündet in die Forderung nach der »bruchlosen Existenz«, die »Freiheit und Existenz identifiziert«. Entsprechend enthusiastisch zitiert Andersch am Ende des Aufsatzes aus Sartres Vorrede zur deutschen Ausgabe der *Fliegen* (1947), weil Sartre nicht Vergangenheit und Niederlage, sondern Zukunft und freiheitliche Selbstbesinnung und Selbstbestimmung akzentuiert. In der späten Autobiographie *Der Seesack* bekennt Andersch, 1947 von Sartre nur wenig gelesen zu haben (*Die Fliegen, Die Mauer, Ist der Existentialismus ein Humanismus*). Der Schluß ist erlaubt, daß er

Sartres ebenfalls 1947 erschienene Schrift *Que-est-ce que la littérature* nicht gekannt hat. Auffällig bleibt somit das parallele methodische Prinzip, aus freiheitlich verstandener Bindungslosigkeit des Intellektuellen die gesellschaftliche Funktion der Literatur (im Rahmen von littérature engagée und littérature pure) zu begründen und zu bestimmen. Gerade die leerformelhafte Freiheitsauffassung des Existentialismus fordert die subjektive Entscheidung und betont Handlungsmöglichkeiten der sozialen Rolle und Funktion des Intellektuellen und der Literatur.

Anderschs Existentialismusverständnis der Jahre nach 1945 ist auch Verarbeitung und Selbstinterpretation eigener Erfahrungen, wie sie dann im 3. Abschnitt der *Kirschen der Freiheit* rückwirkend formuliert wurde. In der Symbiose von Moral und Ästhetik reproduziert er die ambivalente Stellung des (literarischen) Intellektuellen zwischen den Klassen und setzt gerade von dort per definitionem seine Wirkungsmöglichkeiten. »Indem wir die Dichtung zur Angelegenheit existentieller Entschlüsse der Dichter machen, erheben wir sie in jenes Reich der Freiheit, in dem sie allein geboren werden kann« (Kirschen der Freiheit, S. 114). Der Existentialismus ist ihm »Vorstufe einer neuen und umfassenden Antropologie« (ebd., S. 133), die er im Marxismus nicht fand. Daß er jedoch zur Formulierung seiner dialektischen Rezeption des Existentialismus das berühmte Marx-Wort gebraucht, wonach die Welt nicht nur interpretiert, sondern verändert werden müsse, zeigt die für ihn produktive Spannung zwischen beiden Theorien, die sich zu dieser Zeit zugunsten des Existentialismus verschoben hatte; erst die 70er Jahre setzen die Vorzeichen wieder umgekehrt. Die bewegende Kraft »existentiellen Denkens« (ebd., S. 133) der Jahre nach 1945 entsprach einem kollektiven Bedürfnis intellektueller Einzelkämpfer, den Störungen ihrer bürgerlich-historischen Sozialisation auf den Grund zu gehen. Kunst und Literatur waren Medien der Selbstreflexion und ihrer Veräußerung, die beanspruchte Wirkungsabsicht ein Therapeutikum gegen eine ruinierte Gesellschaft. Kunst begleitet und pointiert die Widersprüche des Individuums in bürgerlicher Zeit. Weniger Therapie seiner Störungen als vielmehr die Selbstreflexion des Produzenten und die Reflexion seines Schreibprozesses stehen bald im Vordergrund, wie sie Andersch besonders in *Efraim* und in der Erzählung *Mein Verschwinden in Providence* als Probelauf zu *Winterspelt* als Orientierungsversuch mit Hilfe biographischen Materials realisierte.

Vorausgegangen waren theoretische Klärungen anläßlich neuerer Veröffentlichungen der l'art pour l'art-Verfechter in Kunst und Literatur, Albrecht Fabri und Gottfried Benn. Dessen anfängliche Fraternisierung mit dem Nationalsozialismus (1933/34) gereichte ihm in der Nachkriegszeit nicht zum Nachteil, im Gegenteil. Als souveräner Opponent gegen die schleichende Betulichkeit der 50er Jahre präsentierte er ein nonkonformistisches Angebot, das die mentale Verfassung vieler zwischen Innerlichkeit und neuer Selbstbehauptung traf. Nihilismus und eine geradezu manische Artistik, das »absolute Gedicht« ohne Inhalt und Adressaten, Form als Gehalt – dieses »Nichts, aber darüber Glasur« (Benn) – verschaffte ihm Bewunderung von rechts bis links und mußte gleichwohl jemand wie Andersch zur korrigierenden Intervention auf den Plan rufen.

Die Wirkungsästhetik im Sinne Sartres – mithin »littérature engagée« – relativiert sich für Andersch nicht erst in der Retrospektive von 1973, als er in einem Zeitungsaufsatz diese Jahre um 1950 als »Ein intellektuelles Ghetto« (Frankfurter Rundschau, 14. 11. 1973) beschrieb, in dem »wir auf ganz einfache und kaum reflektierte Art an die Literatur glaubten [...] Ein neuer Text, und das Leben würde sich ändern!« »Ruf«-Verbot, »Skorpion«-Verhinderung, nationale Restauration und internationaler Kalter Krieg zeigten, daß »auf den wieder aufgebauten Ruinen der Bourgeoisie kein Enthusiasmus mehr möglich war« (ebd.). Adorno wird für Andersch zur relativierenden Orientierung in der Mitte der 50er Jahre. Die theoretische Auseinandersetzung mit Fabri und Benn ist ihm gewidmet. Die Analyse der politischen und sozialen Situation in den Eingangssätzen des Aufsatzes *Die Blindheit des Kunstwerks* (1955, S. 40-51) bleibt antikapitalistisch grundiert, die impliziten Kriterien sind marxistisch, das Wort Golo Manns dementierend, der Debatten um l'art pour l'art als Zeichen stabiler Gesellschaftsverfassung bezeichnete. Die finstere Bilanz des »Wirtschaftsfeudalismus«, der die Menschen zur Anpassung zwingt, läßt nicht mehr an die behende Veränderung durch die Kunst denken; diese ist (nur noch) »damit beschäftigt, die Gesellschaft offenzuhalten« (ebd., S. 40). Gegen die Verfechter eines l'art pour l'art, deren »quälende Kurzatmigkeit« (ebd., S. 44) er beklagt, setzt Andersch – hier Adorno variierend – bescheidener die »Verteidigung der autonomen Entstehungsweise von Kunst« (ebd., S. 49). Andersch beharrt im Gegensatz zu den l'art pour l'art-»Frondeuren« auf dem philosophischen Axiom einer Subjekt-Objekt-Beziehung als für die Kunst notwendigem dialektischen Spannungsverhältnis (ebd., S. 46 f.). »Es kann also die Autonomie, das Für-sich-Sein einer Welt der Kunst nicht geben. Sie ist eine von vielen Formen der Erkenntnis, freilich eine der vornehmsten. Nur, indem Kunst sich auf den alles Erkennen voraussetzenden Begriff der Wahrheit bezieht, erfüllt sie die Aufgabe, die Gesellschaft offenzuhalten« (ebd., S. 48). Andersch meidet den Begriff der Veränderung (durch Kunst) ebenso wie den der littérature engagée. Ähnlich Adorno geht es Andersch darum, die strikte Antithetik von reiner und engagierter Kunst aufzulösen (vgl. Th. W. Adorno, Noten zur Literatur I. Frankfurt/M. 1965, S. 173-193) und auch in der Form die geschichtlich-gesellschaftliche Substanz der Kunst aufscheinen zu lassen. Andersch nähert sich auf diese Art Adornos Vorstellung vom »wahren Engagement« (vgl. Th. W. Adorno, Noten zur Literatur III. Frankfurt/M. 1965, S. 109-135) ebenso wie dessen Gedanken zur Kulturindustrie auf der Grundlage eines bis zur Verfremdung gesteigerten Realismus, wenn er die »Verteidigung der autonomen Entstehungsweise der Kunst« als Abgrenzung gegen Kultur versteht, die, ihrer humanistischen Leitbildfunktion des 19. Jahrhunderts längst verlustig, als »Gegenstand staatlicher Verwaltung und Erzeugnis der nach ihr benannten Industrien das Antikünstlerische schlechthin« (ebd.) ist.

Augenscheinlich ist der Andersch der *Blindheit des Kunstwerks* nicht mehr der Andersch der »Ruf«-Zeit, vordergründig eher der Kritiker des l'art pour l'art, denn der vorbehaltlose Verfechter der littérature engagée. Der Weg von der politisch-publizistischen Intervention zur literarischen Konzentration ist auch der

Weg von der erprobten Macht zur erfahrenen Ohnmacht. Dennoch erfordern existentialistische »Entscheidung« und »bruchlose Existenz« die publizistische Weiterarbeit, denn die Literatur ist nach wie vor – bei allen resignativen Erfahrungen – »Arbeit an den Fragen der Epoche« (Blindheit des Kunstwerks, S. 50 f.). Einbezogen wird auch die abstrakte Kunst und das l'art pour l'art. Unbeschadet der Befangenheit ihrer Produzenten und Verfechter sind sie doch »die instinktive oder bewußte Reaktion der Kunst auf die Entartung der Idee zur Ideologie« (ebd., S. 44). Die 50er Jahre realisieren für Andersch diesen Prozeß der »Entartung«. Dennoch und gerade deswegen setzt er mit der Herausgabe einer neuen Zeitschrift »Texte und Zeichen« (1955-1957) Signale der »Andersartigkeit der Kunst« (ebd., S. 49) gegen die »Masse des geistigen Konformismus, die heute Deutschland beherrscht« (Texte und Zeichen, 16, S. 661). »Texte und Zeichen« war die qualitäts- und gehaltvollste, nachhaltigste literarische Zeitschrift der bisherigen Geschichte der Bundesrepublik Deutschland. Der Nachdruck von 1978 in relativ hoher Auflage und Wagenbachs demonstrative Andersch-Widmung einer Rubrik seiner Zeitschrift »Freibeuter« sind späte Zeichen der Anerkennung, die ähnlich wie in den 50er Jahren gleichwohl nur Minderheitspositionen gegen die Massenhaftigkeit des anders verlaufenden Zeitgeistes reproduzieren.

Die zweijährige Lebensdauer von »Texte und Zeichen« war letztlich vorprogrammiert. Andersch erhielt das zeitlich begrenzte Angebot von Luchterhand. Für den Verlag war Andersch der geeignete Mann mit vielfältigen Kontakten. Sie rührten in der Hauptsache aus seiner »Ruf«-Zeit und aktuellen Rundfunkarbeit, die er ab 1948 zunehmend intensiv betrieb. Für »Radio Frankfurt« bzw. den Hessischen Rundfunk (1949) gründete und leitete er das »Abendstudio«, für den NWDR in Hamburg verantwortete er die feature-Sendungen (1951-1953), für den Sender Stuttgart etablierte er federführend den »radio essay« (1955-1958). Andersch produzierte mit literarischem Spürsinn und handwerklicher Innovation funkspezifisch Anspruchsvolles, das all das bot, was der Nationalsozialismus unterdrückt hatte. Interviews, Reportagen, Lesungen, Dramatisierungen gewichtiger Epik, Hörstücke, Streitgespräche, Spielszenen, feature-artige Präsentationen aus Wissenschaft, Soziologie und Literatur. Andersch schuf für die Gesellschaft Kunst aus dem »Ghetto«, für Freunde und neue Bekannte bot er Arbeit und Brot. Nahezu jeder, der damals bereits Rang und Namen hatte, kam zu Gehör, von Adorno über Benn, Kogon und Horkheimer bis Schnabel und v. Zahn. Viele der später wichtigen Stimmen der Bundesrepublik wurden von Andersch entdeckt (wie Enzensberger und Walser) oder bekanntgemacht (wie Böll und Bachmann, Hildesheimer, Koeppen und A. Schmidt). Das Programm setzte bewußte Akzente gegen die offizielle Kulturpflege, wollte die künstlerische Intervention gegen die kulturelle Legitimierung der Restauration. Genau dies sollte »Texte und Zeichen« flankieren. Ein europäisches Avantgardebündnis von Adorno bis Sartre kristallisierte sich als literarische Opposition gegen die als neureich, provinziell, kulturell geschmacklos und betriebsam gesehene Adenauer-Zeit. Neckermann-Katalog und KPD-Verbot, Remilitarisierung und Wiedervereinigungsverzicht, allerdings auch die Verdoppelung des monatlichen Einkommens der Arbeiter und

Angestellten im Jahrzehnt bis 1960 und die niedrigste Inflationsrate der industriellen Welt (bei Beibehaltung traditioneller Eigentumsverhältnisse) prägten gesellschaftliche Zustände und Atmosphäre – allein sie kamen nicht vor in »Texte und Zeichen«.

Diese Haltung im Lichte heutiger Erfahrung zu messen, wäre unredlich. Heute wissen wir, daß selbst radikale Kunst bestenfalls subjektive Revolte repräsentiert, objektiv jedoch das Toleranzgebot einer sich freiheitlich verstehenden Gesellschaft erfüllt und als Ausdruck kultureller Vielfalt stabilisierend rezipiert wird.

Literarisches Selbstbewußtsein und bewußter Internationalismus verstellten Andersch nicht den Blick für die Realität. Der parallel zu Rundfunk- und Herausgebertätigkeit abgeschlossene erste Roman *Sansibar*, der ein literarischer und materieller Erfolg zu werden versprach, erleichterte ihm den »Weggang« (Andersch) aus der Bundesrepublik, die er geschichtslos, zu laut, massenkonsumhaft, klassengesellschaftlich, verwaltungsgigantisch und kulturkitschig fand – so in einem Rundfunkinterview (Reinhardt 1990, S. 317). *Sansibar*, die subtile Geschichte einer Flucht, hat Andersch die eigene ermöglicht. Mit dem folgenden Roman *Die Rote* hat er sie nachträglich begründet. Das Tessiner Bergdorf Berzona wurde sein Sansibar. Dies war im Bewußtsein der Öffentlichkeit für den »praeceptor germaniae« (A. Schmidt) ein spektakulärer, dennoch kein singulärer Schritt. Robert Neumann war schon im Tessin, bald folgten Grass, Höllerer, Klaus Wagenbach u. a. ins benachbarte Maggia-Tal, andere wie Enzensberger bevorzugten die Fjorde bei Oslo oder Rom wie die Bachmann oder Irland wie Böll.

1.3 Zur Entstehung von »Sansibar«

Mit *Sansibar* (und dem nachfolgenden Erzählband *Geister und Leute*, 1958) hatte sich Andersch »literarisch etabliert«. Karl Korns Feststellung in der »Frankfurter Allgemeinen Zeitung« (4. 4. 1959) hat auch aus heutiger Sicht Bestand. Andersch war bereits eine kulturpolitische Instanz, und mit dem erfolgreichen Griff nach der »Krone« der Literatur – so nannte er mitunter den Roman – erfüllte er sich Jugendträume vom »freien« Schriftsteller. In den *Werkstattgesprächen mit Schriftstellern* (Bienek 1962) besteht Andersch zwar auf den *Kirschen der Freiheit* als seinem »ersten Buch«. Dennoch ist *Sansibar* für ihn persönlich, werkbiographisch und auch im Zusammenhang kritisch gedeuteter politischer Ereignisse von besonderer Bedeutung, gerade auf dem Hintergrund der eher demütigenden Verlagsgeschichte der *Kirschen*. Das Zusammenspiel rekonstruierter, primär an Gewinn orientierter Buchproduktionsverhältnisse und allgemeiner restaurativer politischer Strömungen ließ den Rowohlt-Verlag die Veröffentlichung der *Kirschen* ablehnen mit dem Argument, mehr als 70 Leser würden sich für Anderschs Erlebnisbericht kaum interessieren (Der Spiegel, 15. 10. 1952, S. 3). Eugen Kogons kleine Frankfurter Verlagsanstalt publizierte schließlich die *Kirschen* mit einer Auflage von 4 000 Exemplaren, von denen bis zum Konkurs des Verlages (Oktober 1954) etwa 2 000 verkauft wurden. Ein auffälliges, wenngleich symptomatisches Mißverhältnis zwischen dem erheblichen (feuilletonistischen) Echo und dem realen Leseinteresse. Bei für die endvierziger Jahre festgestellten etwa 5 000 neuen Titeln mit einer Standardauflage von je 5 000 Exemplaren relativiert sich allerdings der geringe Verkaufserfolg. »Immerhin rettete Eugen Claassen die *Kirschen* in seinem Verlag. Aber erst im Jahre 1956 fragte mich ein schweizerischer Verleger, ob ich bereit und in der Lage sei, weiter Bücher zu schreiben. Und weil ich damals bereits *Sansibar* konzipiert hatte, sagte ich, ich sei es.« (Bienek 1962, S. 138)

Otto F. Walter (Olten/Schweiz) zeigte während der letzten Entstehungswochen von *Sansibar* begeistertes Interesse, und nach dem Abschluß des Manuskripts bekam Andersch nur Positives zu hören. Walter Muschg aus der Schweiz rezensierte enthusiastisch, der junge Germanist Beda Allemann legte einfühlsam die Qualitäten frei und selbst Friedrich Sieburg, konservatives Haupt der Literaturkritik, zollte Respekt (vgl. Schütz 1980 a, S. 44 f.). Zügig wurden Übersetzungsrechte in die USA, nach Frankreich und England verkauft, Anderschs gute Bekannte und Freundin Nelly Sachs diente als Multiplikatorin für Skandinavien. Der Förderpreis zum Immermann-Preis der Stadt Düsseldorf (1957), der Preis für Literatur des Verbandes Deutscher Kritiker (1957/58), auch der Preis des Hessischen Rundfunks (1958) für die Hörspielfassung *Aktion ohne Fahnen* waren Zeichen der künstlerischen Anerkennung, die nach den ideologischen und ökonomischen Querelen um die *Kirschen* und der zwischenzeitlichen Ablehnung des Erzählbandes *Geister und Leute* durch Claassen (1956) Andersch die Sicherheit gaben, sich als »freier« Schriftsteller zu behaupten und zu etablieren, d. h. in erster Linie sich den Risiken und Hürden des Äquivalententausches am literarischen Markt erfolgreich zu stellen. Die beiden ersten Auflagen (1957 und 1958) überstiegen zwar nicht die üblichen 5 000 Exemplare, doch war bereits die 61er Auflage 5stellig. Im weiteren Verlauf verkaufte Fischer *Sansibar* als Taschenbuch allein über 300 000 mal. Anderschs letzter Verleger Diogenes verkauft bis heute jährlich etwa 20 000 Exemplare. In der Begründung der Verleihung des Förderpreises von 1957 ist schon von einem »europäischen Erfolg« die Rede.

Die erfolgte materielle Freiheit war Anderschs Voraussetzung, die andere wichtige Dimension der Freiheit, die geistige, neu zu behaupten. Die Möglichkeit freien Arbeitens knüpfte sich für ihn in der zweiten Hälfte der 50er Jahre notwendig an die Überlegung, die Bundesrepublik zu verlassen. Das Beispiel Bachmanns, Bölls, Enzensbergers, Henzes, Hildesheimers u. a. mag eine Rolle gespielt haben. Wie sie litt Andersch unter den politischen Verhältnissen. In einem späten Interview mit R. Stumm (1976) erinnert er sich zwar, bis zur Mitte der 60er Jahre an Fortschritte geglaubt zu haben, der Originalton der 50er Jahre läßt allerdings an Deutlichkeit kaum zu wünschen übrig.

Da ist von Stuttgart, seinem Arbeitswohnsitz seit Oktober 1955 als »Spießer-Drecksnest« (Briefwechsel mit A. Schmidt, S. 150) die Rede, anläßlich der neuen alten Karrieren der Globke, Speidel und Co. spricht er von der »Adenauer- und Nazimeute« (Texte und Zeichen, 1, S. 11), zwischenzeitlich bilanziert er an seine Frau Gisela, »daß ich höchstens noch ein paar Jahre so in Deutschland werde arbeiten können [...]. Wenn ich etwas auf der Welt hasse, dann diese Nation des sturen, bornierten Widerstands gegen alles, was hell, offen, frei ist [...]. Jetzt bauen sie wieder für 12 Milliarden Kanonen.« (8. 7. 1955, zit. nach Reinhardt 1980, S. 248). Die *Kirschen der Freiheit* geraten ihm nachträglich zur »Untergrundliteratur« (ebd.), seinem Beitrag (noch) möglichen politischen Handelns. Nach dem Parlamentsbeschluß zur Einführung der Wehrpflicht (März 1956) reflektiert der Briefwechsel mit dem Freund Arno Schmidt konkrete Emigrationsmöglichkeiten (Briefwechsel mit A. Schmidt, S. 105). Die Idee, die Bundesrepublik zu verlassen, formt sich zunehmend zur Gewißheit. Ihre Realisierung bedarf lediglich noch der günstigen Gelegenheit. Auffälligerweise verdichtet sich der Emigrationsentschluß während der letzten Wochen konzentrierter Arbeit am *Sansibar*-Manuskript. Schmidts Vorschlag, die *Kirschen* fortzusetzen – und das meint die Geschichte der Desertion –, trifft folgerichtig Anderschs aktuelle politische und persönliche Befindlichkeit. Seine Antwort vom 29. 12. 1956 nimmt diesen Gedanken auf, einer Fortsetzung der *Kirschen* »müßte aber ein acte graduit vorausgehen, der dem der Desertion in den *Kirschen* entspricht und von dem aus alles beleuchtet wird, also: eine neue Desertion. An ihr arbeite ich [...]« (ebd., S. 109; vgl. auch Reinhardt 1980, S. 275). Anderschs »an ihr arbeite ich« darf man getrost zweifach verstehen, meinend, die dargestellte Flucht in *Sansibar* und den eigenen geplanten »Weggang« aus der restaurativen Bundesrepublik der 50er Jahre.

Ob allerdings nach Anderschs Rückzug in die Schweizer Berge damalige Wertungen zutreffen, hier habe sich ein intellektueller Quälgeist geläutert und zur »reinen« Kunst gefunden, mithin eine sinnvolle Ablösung der politischen durch die ästhetische Existenz stattgefunden – entsprechend Gregors Überlegungen im Angesicht des »Lesenden Klosterschülers« »alles muß neu geprüft werden« –, ist eher fraglich. Andersch realisiert die – später zu diskutierende – potentielle textimmanente Kunstoption in *Sansibar* für sich nur sehr bedingt. Gerade die Perspektive der 50er Jahre verlangt persönlich, politisch und werkbiographisch andere Akzente. Arno Schmidts Urteil, dem Andersch große Bedeutung beimaß, entlarvte die eher entpolitisierenden Attributierungen der ersten Rezensionen als »Perlenschnur grotesker Fehlurteile«. Im Vergleich der Wirklichkeiten von 1937 und 1957 fällt ihm auf: »[...] auch bei uns ist wieder die KPD verboten. Auch bei uns werden schon wieder die jüdischen Friedhöfe geschändet.« *Sansibar* ist ihm »ein Mißtrauensvotum ersten Ranges gegen unser behäbig-aufgeblasenes ›Volk der Mitte‹«, »eine Anleitung zur Flucht als Protest«, im genannten doppelten Sinne (Über Alfred Andersch, S. 87 f.). Entsprechend wertet auch Helmut Heißenbüttel Anderschs »Weggang« als »nachgeholte Emigration« (vgl. Reinhardt 1990, S. 675).

Andersch sah sich mit diesem Gedanken nicht nur durch die bereits genannten Kollegen in guter Gesellschaft. Die Nobelpreisträger Einstein und Hesse und nicht zuletzt sein Vorbild Thomas Mann verweigerten die Rückkehr in die Bundesrepublik. Auch der Aufruf des damaligen Bundespräsidenten Theodor Heuß an die »Nochemigranten«, zurückzufinden, vermochte weder diese zu bewegen, noch die aktuelle kritische Intelligenz zu halten. Persönliches, das sich auch werkbiographisch niederschlug, kam für Andersch hinzu. Läuterung, Resignation, Aufgabe politischer Utopie hießen die damaligen Vermutungen über seinen »Weggang«. Die immense Produktivität vor und nach diesem Schritt spricht dagegen. Es ist nicht zu leugnen, daß sich für Andersch in dieser Zeit persönliche und berufliche Negativerfahrungen häuften. Luchterhand, nachdem es sich mit »Texte und Zeichen« ein literarisches Standbein verschafft hatte, verweigerte die weitere Produktion der Zeitschrift. In der letzten Nummer vermerkt der Herausgeber Andersch an seine Leser: »Sie waren eine Minderheit in der Masse des geistigen Konformismus, der heute Deutschland beherrscht« (Texte und Zeichen, 16, S. 661). Der utopische Traum von einer aufgeklärten Mehrheit wich der Realität eines Dialogs mit der aufgeschlossenen Minderheit. Der Intellektuelle, in der jungen Republik immerhin zeitweilig ein institutionalisierter Außenseiter, ging zunehmend seiner institutionellen Möglichkeiten verlustig. Die Tradition, wonach Radikalität im Denken, nicht jedoch im Handeln möglich ist, wurde wiederhergestellt. Anderschs Erfahrungen mit langwierigen gerichtlichen Auseinandersetzungen um die von ihm betriebene Veröffentlichung von Arno Schmidts *Procahontas*-Text, der Boykott von Bölls *Brief an einen jungen Katholiken*, der den Konnex von Amtskirche und Wiederaufrüstung aufdeckte, das zeitweilige Sendeverbot des eigenen Hörspiels *In der Nacht der Giraffe*, die polizeiliche Durchsuchung der Privaträume H. W. Richters, der allgemeine großangelegte Brecht-Boykott, der unsägliche Vergleich Brechts mit dem NS-Märtyrer Horst Wessel aus dem Munde des deutschen Außenministers von Brentano, fügten sich ins Bild einer bornierten, geistfremden, antiaufklärerischen bundesrepublikanischen Entwicklung und verwiesen bereits auf die »Pinscher«- und »Ratten«-Invektiven hochrangiger deutscher Politiker gegen Schriftsteller in den 60er und 70er Jahren. Hinzu kam, daß Andersch in den ihn betreffenden Fragen der Programmgestaltung im Rundfunk alles andere als konziliant war. Thematische Überzeugung und kollegiale Solidarität ließen ihn pointiert, wenig kompromißbereit, oft eigensinnig seine Positionen vertreten, die zunehmend kontrovers zur Ausrichtung von Rundfunkrat und Intendant waren, zumal ihm mit Helmut Bausch, einem »schneidigen cdu-abgeordneten« (Briefwechsel mit A. Schmidt, S. 179), ein Intendant im Süddeutschen Rundfunk vorgesetzt wurde, der den Geist und den Politikstil der 50er Jahre erfolgreich verkörperte.

Kritische Überlegungen und praktische Erfahrungen fügen sich bei Andersch zu einem produktiven Verzicht auf die korrektive Tageskritik mittels der Literatur, hinzu kommt die Einsicht in die Unmöglichkeit kollektiver politischer Utopien und ihre nur individuell lebbare Realisierung und die persönliche Entscheidung zur Freiheit, zur »Desertion«, um frei zu schreiben, um freie Literatur wirksam werden zu lassen.

Hans Mayer nennt Anderschs *Sansibar* einen »Nachzügler« (1967, S. 227) und meint dies in einem doppelten Sinne, biographisch und thematisch. Folgen wir H. Heißenbüttels Gedanken der »nachgeholten Emigration«, den auch H. W. Richter bestätigte, käme noch ein drittes hinzu. Erst 43jährig als Romancier zu debütieren, hat sich nicht zuletzt Andersch gänzlich anders gewünscht. Doch die historische Bedingung dieser Verspätung knüpft exakt den Faden zwischen fiktionaler Fluchtgeschichte in *Sansibar* und dem eigenen »Weggang«. Gemessen an den anderen herausragenden Romanen der 50er Jahre, etwa Max Frischs *Stiller* und *Homo faber* oder Martin Walsers *Ehen in Philippsburg* – zum weiteren Vergleich: Becketts *Endspiel* und Pasternaks *Dr. Schiwago* erschienen ebenfalls 1957 – ist *Sansibar* zweifellos ein thematischer »Nachzügler«, favorisierte doch die Literatur dieser Zeit insgesamt eher die Kritik des Zeitgenössischen. Für Andersch indes war es zwingend, diesen Roman zu schreiben. Das Faulkner-Motto: »Das Vergangene ist nie tot; es ist nicht einmal vergangen«, dem Hauptwerk *Winterspelt* vorangestellt, gilt für alle seine Arbeiten. Die sein ganzes Leben prägende historische Last des Faschismus hat er immer wieder betont, literarisch immer wieder be- und verarbeitet, variantenreich, aufklärerisch, genau, aus individueller Trauer (und Schuld) kollektiven historischen Fortschritt ermöglichend und erhoffend.

Erinnerungen an die Mecklenburgische Ostseeküste, den geographischen Handlungsort von *Sansibar*, datieren aus seiner Hamburger Zeit als Angestellter bei den Leonarwerken. Die Kraft der erinnerten Bilder nahm zunehmend »eine Art magische Qualität« an (Bienek 1962, S. 148) und konzentrierte sich auf »Graues Licht«, das dem Romanprojekt während der Entstehungszeit den Titel gab. Unverarbeitet blieben Schuldgefühle gegenüber seiner ersten Frau Angelika, einer Halbjüdin aus Münchens guter Gesellschaft. Andersch heiratete sie, auch um sie zu schützen, im Frühsommer 1935, dem Jahr der Nürnberger Rassengesetzgebung, die ab September Ehen zwischen »Ariern und Juden« verbot. Die Illusion, da ihnen die wirtschaftliche Tätigkeit (noch) nicht untersagt wurde, nun – mit allen Einschränkungen – doch in Ruhe gelassen zu werden, ließ viele Juden auf eine Ausreise verzichten. Andersch mahnte sich selbst gegenüber häufig die Notwendigkeit an, Deutschland zu verlassen, ohne aus der tiefen Introversion diesen Schritt verwirklichen zu können. Um so schwerwiegender wurde sein Konflikt, als er die Malerin Gisela Groneuer kennengelernt hatte – eine seelenverwandte vitale Kraft, die Ansprüche auf gemeinsame Kreativität erhob –, sich von Angelika scheiden lassen zu wollen, gerade im Jahr der Wannsee-Konferenz, dem Jahr der »Endlösung der Judenfrage«. Seine Schwiegermutter, die bereits öffentlich den Judenstern trug, gehörte zu den ersten, die zur »Sonderbehandlung« nach Theresienstadt gezwungen wurden, wo sie, wie 33 000 Menschen ihres Glaubens, ermordet wurde. Ein »Tage- und Nächtebuch« verhalf Andersch die krisenhafte private Umorientierung zu bestehen: »Leere Tage sonst, in denen das Leben der Frau, die ich verlassen habe, seine erstarrende Macht ausdehnt« (zit. nach Reinhardt 1990, S. 81). Heinrich Himmler, Bekannter des Vaters aus den gemeinsamen Münchener Tagen um Ludendorff, Sohn seines Schulleiters am Wittelsbacher Gymnasium, und Heydrich, verantwortlich für Anderschs erste KZ-Einlieferung nach Dachau als damaliger Abteilungsleiter der politischen Polizei in München, waren – neben Eichmann – die bestallten Bürokraten des staatlichen organisierten Völkermords.

Einem Zeitungsartikel entnahm Andersch, daß H. F. Reemtsma, Hamburger Zigarettenfabrikant, Plastiken von Ernst Barlach vor dem Zugriff der Nazis gerettet hatte (vgl. Reinhardt 1990, S. 238). Die traumatische Präsenz des Vergangenen, überlagert von dem Bemühen, durch aktuelle Informationen dem Geschehenen beizukommen, formte sich zu einem Motivbündel und Themenkomplex, die durch narrative Selbsttherapie und didaktischen Gestus in epischer Konstruktion Moral und Widerstandskraft als neues Engagement demonstrierten.

Anderschs Relativierung der aktuellen politischen Zeitkritik und seine auch aus persönlichen Gründen verstärkte Hinwendung zu komplexeren Erzählformen, für die sein »Weggang« auch eine Bedingung war, rechtfertigt kaum die These, hier habe ein ehemals Engagierter resigniert und sich ins Reich der Kunst zurückgezogen. Allein die parallel zu *Sansibar* und unmittelbar danach (in Berzona) entstandenen kleinen Arbeiten dementieren diesen Gedanken. Der Aufsatz *Die Blindheit des Kunstwerks*, erstmals 1956 in »Texte und Zeichen« erschienen, verweist auf sein neues Literaturkonzept, die Neapolitanische Suite *Piazza San Gaetano* (1957) ist eine ironische Parabel auf die Brotarbeit, im Hörspiel *Fahrerflucht* (1957) stellt er einen deutschen Untertanen, der sich im Faschismus dem Staatsterror, in der Bundesrepublik dem Terror des Geldes unterwarf, dar. Grundlegender und gelungener jedoch ist die Funkmontage (Hörspiel) *In der Nacht der Giraffe* (1958). Zunächst vom Hörfunk boykottiert – zerstörte sie doch den Mythos de Gaulles durch seine Verwicklung im Algerien-Aufstand –, wurde sie ein literarischer Erfolg. Eingelassen in den historischen Rahmen diskutieren der Journalist Pierre Grange, der die de Gaulle komprimittierende Liste von Aufständischen vergeblich der bürgerlichen Presse zukommen lassen will, und der Philosoph Mondello u. a. über Ohnmacht und Macht von Presse und Literatur. »Nicht die Literatur, die Sie meinen, Pierre, jener Sekundär-Literatur, die sich für die Geschichte selbst hält, weil sie sich aufregt und diskutiert. Sie ist nur Symptom, nichts weiter. Große Literatur tut etwas anderes: Sie bereitet lange und langsame Entwicklungen vor, sie streut in ein paar Gedanken und ein paar Formen Samen aus, die die Welt erneuern und sie an etwas Altes erinnern« (Hörspiele, S. 86). Mondello, der Philosoph der Aktion, verweist damit gleichzeitig, Anderschs neues Literaturkonzept variierend, auf die Unmöglichkeit, direkte politische Aktion und das anders geartete Handeln des Schriftstellers, auf die Bewußtseinstiefen des Lesers zu wirken, zu verbinden, vergleichbar Gregor, der sich von der Partei lösen muß, um Judith und den »Lesenden Klosterschüler« zu retten.

Anderschs eindeutige Positionsbestimmung bedeutet nicht die Aufgabe politischer Beobachtung und zeitweiliger Kommentierung. Seine gründliche Skepsis gegen die »Literatur als Presse« festigte eher seinen nonkonformistischen Blick auf die politische Szenerie, auch einen Streit mit seinem Redaktionsassistenten Enzensberger nicht scheuend, den er überall als neuen Brecht und neuen Heine feierte und dessen *Verteidigung der Wölfe* (1957) er pauschal und enthusiastisch lobte. Anläßlich der Niederschlagung des Ungarnaufstandes im Oktober 1956 verweigerte Andersch seine Unterschrift unter eine Resolution deutscher Autoren, die Solidarität mit dem ungarischen Volk bekunden wollte. In dem Aufsatz *Der Rauch von Budapest* (1956) begründete Andersch seine Entscheidung. Der eindeutigen Distanzierung vom stalinistischen Vorgehen folgte eine ebenso eindeutige Erinnerung an den »Rauch von Auschwitz«, den nicht bereits im Vorfeld verhindert zu haben, er den westlichen Demokratien vorwarf (Appeasement-Politik). Jede einseitige Anprangerung des »falschen« Kommunismus fördere das »selbstzufriedene Gewissen« der »Demokratie der schmutzigen Hände«, Anderschs Synonym für den Adenauer-Staat (Blindheit des Kunstwerks, S. 20). Deutsche Vergangenheit, deutsche Gegenwart und der Systemgegensatz führten zu einem beständigen »Zwang, jede politische Zeitkritik westöstlich relativieren zu müssen, führen zur Verzweiflung an allen direkten Formen politischen Engagements« (Wehdeking 1983, S. 74) und sind als ein weiterer Anlaß für Anderschs »Weggang« nicht geringzuschätzen. Die Enttäuschung über den fehlenden gründlichen Neubeginn von 1945 reaktiviert das faschistische Trauma – »ich behaupte, ganz genau zu wissen, was am Ende einer Entwicklung steht, an deren Beginn man die kommunistische Partei verbietet, die Vorformen der weißen Banden aber toleriert« (ebd., S. 19) – und bringt Arno Schmidts *Sansibar*-Deutung als Metapher für ein »Land, aus dem man flüchtet«, überzeugend in Geltung.

Statt desillusionierender Tageskritik hat Andersch mit *Sansibar* dem »politischen Moment eine epische Form« gegeben, ist ihm »die scheinbar unmögliche Transposition von Tagespolitik in Kunst« gelungen, die er in Koeppens *Tod in Rom* (1954) begeistert wahrnahm (Ein neuer Scheiterhaufen für alte Ketzer, S. 26/28).

2 Wort- und Sachkommentar

Sansibar wird zitiert nach der Diogenes-Ausgabe (detebe 20055), Zürich 1970 (mit Seitenzahl).

Motto *Dylan Thomas:* (1914-1953), bedeutender engl. Lyriker; bekanntestes Werk »Under milk wood« (1954 dt.), hier: Text aus den »Collected poems« (1952).

8 *makadamisierte Straße:* nach dem schottischen Straßenbauingenieur John Landon McAdams (1755-1836) benannter Straßenbelag.

9 *Huckleberry Finn:* »The adventures of Huckleberry Finn« (1884), Roman von Mark Twain (1835-1910), amerik. Schriftsteller. Spezifikum seiner vom lit. Journalismus beeinflußten Erzählprosa ist der Schauplatz- und Ereigniswechsel als Ausdruck individueller Spontaneität gegen die Normierungszwänge der entstehenden industriellen Gesellschaft. Huck ist gleichzeitig allwissender Erzähler und naiver Held seiner Abenteuer, der die Umwelt flieht, um sein Ich zu bewahren.
lanzettförmig: (lat., fr.) kleines Operationsmesser (Lanzette); kleines schmales Fenster der Frühgotik (Lanzettfenster).

18 *Rerik:* Ostseebad zwischen Rostock und Wismar gelegen (Bez. Rostock), 2400 zumeist ev. Einwohner (1965). In Rerik steht eine frühgotische Pfarrkirche. Die Georgen-, Nicolai- und Marienkirche (und ihre Türme) befinden sich in Wismar und sind Anderschs ›Vorlagen‹ der Beschreibung.

29 *Bildhauer:* Ernst Barlach (1870-1938), dt. Bildhauer, Graphiker, Dichter, Schöpfer des »Lesenden Klosterschülers« (1930) (vgl. Kap. 4.3).

43 *Papirossi:* russ. Zigaretten mit langem Hohlmundstück aus Pappe.

60 *Großschot:* Teil der Masten des Schiffes.
Nock: Spitze eines Rundholzes; seitliche Verlängerung.

67 *Ankertrosse:* Kette, die den Anker mit dem Schiff verbindet.

80 *Apotekarnas Sockerdricka:* (schwed.) gezuckerter Sprudel der staatl. (schwed.) Apothekengesellschaft.

81 *Tom Sawyer, Schatzinsel, Moby Dick, Kapitän Scotts letzte Fahrt, Oliver Twist, Karl-May-Bände:* »The adventures of Tom Sawyer« (1876), Roman von Mark Twain (vgl. zu S. 9); »Treasure island« (1883 dt.), Roman von Robert Louis Stevenson (1850-1894), schott. Schriftsteller; »Moby Dick or the white whale« (1851), Roman von Herman Melville (1819-1891), gilt als erster Beitrag der USA zur Weltliteratur; »Letzte Fahrt« von Kapitän Scott, Robert Falcon Scotts (1868-1912) Tagebuch seiner letzten und tödlich endenden Reise zum Südpol; »Oliver Twist« (1838/39 dt.), Roman von Charles Dickens (1812-1870), engl. Schriftsteller; Karl May (1842-1912), dt. Schriftsteller von insb. Reiseerzählungen, Spezifika sind schwärmerische Heldenverehrung (Old Shatterhand, Kara Ben Nemsi, Winnetou) und psycholog. Schwarzweißmalerei. Pazifismus und Vorläuferfunktionen für den Surrealismus werden heute jedoch auch herausgestellt.

86 *Haff:* durch Nehrungen vom Meer abgetrennte Küstenbucht; Mündungsgewässer.

97 *Lehre des großen Kirchenmannes:* Karl Barth (1856-1968), Schweizer Theologe, Vater der »Bekennenden Kirche«, Mitbegründer der Dialektischen Theologie als Kritik am liberalen Kulturprotestantismus seit Schleiermacher.

104 *Degas:* Edgar (1834-1917), frz. Maler, Vertreter des Impressionismus. Hauptmotive aus der Welt der Cafés, Pferderennen, Ballettsäle und Boudoirs.

Chrysopasgrün: Halbedelstein.

107 *Lettner:* (lat.) Lesepult; Schranke zwischen Priesterchor und Laien (diente häufig als Lese- und Sängerbühne).

120 *schwoite:* schwoien, schwojen: sich durch Wind und Strömung vor Anker drehen.

140 *Tjalk* (niederl.): eigentlich einmastiges Küstenfahrzeug.

149 *Freud:* Sigmund (1856-1939), Begründer der Psychoanalyse, hier Anspielung auf seine »Traumdeutung« (1900).

3 Struktur des Textes

3.1 Die Struktur im allgemeinen

3.1.1 Handlungselemente und Personenkonstellation: Exposition

Die Romanhandlung spielt im Oktober des Jahres 1937 in Rerik, einem kleinen Ostseehafen zwischen Wismar und Rostock, an der Mecklenburgischen Ostseeküste. Die Zeit ist auf einen Tag begrenzt: vom späten Mittag (der Ankunft Gregors und Judiths) bis zum Morgengrauen des folgenden Tages (dem Tod Helanders) bzw. bis zum nächsten Tag (dem Erreichen der schwedischen Küste). Fünf zunächst voneinander unabhängige, nach Herkunft und Weltanschauung verschiedene Personen treten nach und nach in Beziehungen zueinander. Anlaß sind unterschiedlich motivierte Fluchtvorhaben, dem Zustand der politischen Verhältnisse im faschistischen Deutschland erwachsen.

Der »Junge« will fort, »weil in Rerik nichts los ist«, weil sein auf der offenen See umgekommener Vater in Rerik übel beleumundet ist und weil ihn »Sansibar« hinter dem Meer lockt. Der »Junge« bleibt als einziger namenlos, seine Gedanken und Handlungen sind kursiv gedruckt (ein bei Andersch beliebtes Verfahren inhaltlicher Funktionsbenennung). Der »Junge« in seiner »versteckten« Welt und seinem Hang zur Ferne, die in erster Linie eine Flucht vor der Nähe der Erwachsenen ist, gilt als Repräsentant der Jugend, steht für Hoffnungen und Möglichkeiten, für Widersprüche und Bewährungen. Symbolisch läßt ihn Andersch den Titel des Romans begründen. Der »Junge« arbeitet auf dem Boot des Küstenfischers Knudsen. Auch dieser möchte weg, will jedoch seine geistesverwirrte Frau nicht den Nazis als »unwertes Leben« überlassen. Knudsen ist – letztes – Mitglied der illegalen KPD am Ort. Er hat sich von ihr jedoch zurückgezogen, da sie nach seiner Meinung Anfang 1933 gegen die Nazis hätte »losschlagen« müssen. Zu den Einheimischen zählt auch Pfarrer Helander. Er will die Figur des »Lesenden Klosterschülers«, die von den Nazis als »entartete Kunst« konfisziert werden soll, nach Schweden in Sicherheit bringen lassen. Er hofft auf Knudsens Hilfe. Von auswärts nach Rerik kommt Judith Levin, eine Hamburger Jüdin. Sie will mit einem Schiff der drohenden KZ-Einlieferung und Ermordung entkommen. Gregor, zentrale Figur in diesem Ensemble, Instrukteur des ZK der KPD, hat einen Parteiauftrag an Knudsen weiterzuleiten. Er will die Gelegenheit nutzen, sich nach Schweden abzusetzen, denn das Verhältnis zu seiner Partei ist ihm problematisch geworden.

3.1.2 Spannungsmomente

Dies ist die Exposition des Romans. Konfrontationen, Differenzen, Gemeinsamkeiten im Angesicht der Bedrohung, eher menschliche Motive denn politische Überlegungen, dennoch der innere Kampf um weltanschauliche Positionen und –

damit verbunden – der äußere Kampf um die eigene Rettung, die Rettung Fremder und eines Kunstwerks bestimmen die Spannungsmomente des Romans, der in der »Aktion Lesender Klosterschüler« kulminiert, ohne damit beendet zu sein.

Spannung ist ein wesentliches Konstruktionselement des Romans. Sich der Erfahrungen und Techniken des Kriminalromans zu bedienen, zeigt Andersch keinerlei Berührungsängste, ihre gekonnte und dezente, weil vollends integrierte Handhabung ist ihm in *Sansibar* gelungen, weniger wohl in der *Roten*, folgt man Teilen der Kritik, die diesem Roman eine partielle Nähe zur Kolportage ankreideten. In einer theoretischen Selbstvergewisserung *Wie trivial ist der Trivialroman* von 1971 (Andersch Lesebuch, S. 175-184) hat Andersch einen Strang der Kriminalliteratur und des »thrillers« dem akademisch-konventionellen Antagonismus von hoher und niederer Literatur zu entreißen versucht, allerdings in Abgrenzung gegen exotisierende Stoffkreise und die »bourgeoise Konsumware« des gesellschaftlichen Unterhaltungsromans. Von den »Initialzündungen durch Poe und Dostojewski« (ebd., S. 180) über Doyle, Hammett, Chandler, Simenon bis zu Highsmith, Millar, Greene, Ambler, le Carré und Scerbanenco lobt Andersch eine makellose, variable und reiche Romantechnik, – je nachdem – eine tiefe Psychologie und Einsichten in eine vom Verbrechen konstruierte Gesellschaft und – allen gemeinsam – den Verzicht auf jegliche literarische Pose, die Eigenschaften wie Lesbarkeit, Verständlichkeit und Spannung zur Geltung bringt, die dem Sprach- und Stoffreinigungsprogramm der Nachkriegsautoren und ihrem Wirkungsanspruch korrespondieren.

In einer anregenden Analyse hat R. Geißler (1962, S. 219 f.) die wichtigsten Spannungsmomente zusammengefaßt. Sie seien hier präzisiert und überarbeitet wiedergegeben:

- Wird es für Knudsen gefährlich, länger als gewöhnlich im Hafen liegenzubleiben?
- Wird Judith der Paßkontrolle entgehen?
- Wird ihr die Flucht gelingen, obwohl sie keinen Dampfer im Hafen antrifft?
- Wird die Begegnung zwischen dem Pfarrer Helander und dem Kommunisten Knudsen am Hafen nicht auffallen?
- Wird es Folgen haben, daß der Küster Knudsen in der Kirche entdeckt hat?
- Wird das Treffen Gregors mit Knudsen in der Kirche im kleinen Rerik unbemerkt bleiben?
- Gelingt Judith die Flucht mit dem schwedischen Dampfer? Wenn nicht, was wird mit ihr weiter passieren?
- Wie wird sich Helander entscheiden, für die eigene medizinische Behandlung oder für die Rettung des »Lesenden Klosterschülers«? Wird letzteres seinen Tod bedeuten?
- Wird die Rettung der Figur gelingen? Wird das Zollboot das Beiboot entdecken?
- Wie wird Knudsen auf Judith reagieren?
- Wie wird der Kampf zwischen Gregor und Knudsen ausgehen?
- Welches Schicksal wird Helander erfahren?
- Welcher Art ist der weitere Weg Gregors?
- Wird der »Junge« in Schweden bleiben und damit Knudsen gefährden?

3.1.3 Der Ort Rerik als Modell

Als eine der ersten Schlußfolgerungen aus seinen Wahrnehmungen kurz vor Rerik formuliert Gregor: »Es wäre einfacher, dachte Gregor, vom Meer abhängig zu sein als von den Menschen« (8) und reflektiert damit jenseits der allgemeinen politischen Bedrohung die aktuelle Leere des Ortes und damit die eigene Isolation. Diese Isolation, die er mit den anderen Figuren teilt, trennt sie auch voneinander, macht sie im Umgang vorsichtig und skeptisch, läßt sie auf Hindernisse lauern, Gefahren spüren, inneren Konflikten Raum geben im beständigen Gefühl buchstäblich existentieller Verlorenheit, deren Überwindung und damit die Rettung aber den Zugang auf den anderen fordert. Bereits der kleine Ort der äußersten Gefahr und Rettung am Meer macht dies sinnfällig. Er ist nach drei Seiten hin abgeschlossen, nur das Meer bietet die eine Fluchtmöglichkeit. Auf dem Weg nach Rerik gebraucht Gregor innerhalb eines Gedankengangs zweimal den Begriff »Vorhang« (8). Naheliegend ist es, eine Bühne zu assoziieren, die, ebenfalls abgeschlossen, nur einen Ausblick und Ausweg zuläßt. Sie konzentriert die Personen, ihre unterschiedliche Vergangenheit, ihre Herkunfts- und Entwicklungsgeschichten zu einem dramatischen gegenwärtigen Geschehen, das Entscheidungen fordert und Zukunft ermöglichen soll.

Die Konzentration auf die dem klassischen Drama entlehnte Einheit des Orts und der begrenzten Zeit – ganz im Zeichen der modernen Vermischung traditioneller Gattungsgrenzen – vermittelt den Eindruck konstruierter Hermetik und modellhafter Strenge, der Teile der Kritik veranlaßte, Andersch eine didaktische Überdeutlichkeit anzukreiden, die die »Ungewißheit der Erfahrung« (der Figuren) gegenüber der Demonstration richtigen Verhaltens verlorengehen lasse (P. Demetz, in: Über Alfred Andersch, S. 12 f.). Die Modellsituation wird als Situation modellhafter (richtiger) Entscheidung unter gefährlichen Bedingungen gesehen, um den Glauben am Menschen zu bezeugen. »So handeln die Personen wie vor einer Wand: ihr moralischer Impetus läßt ihren Charakter flächig erscheinen [...] – sie alle sind Figuren in einem geplanten Spiel, das die Widerstandskraft des Menschen verdeutlichen soll.« (I. Drewitz, in: Merkur 20, 1966, S. 672)

So richtig die Beschreibung der allgemeinen Struktur ist, so verkürzt erscheinen m. E. die Schlußfolgerungen zu sein. In einer frühen Würdigung hat Käte Hamburger das poetisch komplex montierte Figurenensemble in Rerik mit Rodins »Bürgern von Calais« verglichen und hervorgehoben, daß trotz zunehmender Dialogbereitschaft und Begegnungsdichte »jede [der Figuren] in ihrem Fürsichsein, jede versenkt in ihre eigene Situation und Not, letztlich also [als] schweigende, in sich verschlossene und abgeschlossene Gestalten« erlebt werden (1959, S. 11 ff.). Die hier angedeutete Verbindung von existentieller Vereinzelung, Erzählstruktur und appellativem Leserbezug trifft am ehesten Anderschs Intention. Der unterstellte moralische Schematismus erweist sich dem genauen Blick als erfolgreicher Versuch, erstmals in epischer Großform historische Authentizität und Zeitkritik, Aufklärung und aktuelle Vermittlungen zu integrieren, wie ebenso eine integre Substanz der Figuren zu behaupten. Letzteres folgt sicherlich Sartreschen Denkmustern, insbesondere dem Topos, wonach erst die Bindungslosigkeit zu neuem Engagement führe. In diesem Sinne ist Andersch »der eindeutigste Moralist der deutschen Nachkriegsliteratur. Er ist ferner der am stärksten überzeugende Moralist, denn seine Sorge schließt den Bereich des politischen ein und die Psychologie keineswegs aus. Ein Meister in der Darstellung von Menschen, dessen Psychologie nicht um das Problem der Neurotik kreist, ist heute eine große Seltenheit.« (Burgauner 1965, S. 436)

3.1.4 Fehlende Faschismusdarstellung?

Die fehlende Individualisierung der Faschismusvertreter, die vermeintlich oberflächliche Präsentation des Faschismus insgesamt in der abstrakt-typisierenden Vorstellung der »Anderen«, hier und da unterbrochen von der Naturalisierung des »Bösen«, wie sie Pfarrer Helander betreibt, der die SS-Leute als »Fleisch in Uniformen« wahrnimmt, erleichterte es der apolitischen Programmatik der Literaturkritik, den ersten Blick auf das gestaltete Kunstwerk in der Dichte seiner Leitmotivik, Semantik und Symbolik, den zweiten auf die angebliche Beliebigkeit des unterdrückenden Staatsapparates, die gleichnishafte Relativierung einer Betroffenheit des Hier und Gestern und Überall zu richten. Was den einen wohlgefiel, erschien und erscheint den anderen in rezeptiver Verkürzung als Mangel, der »historische Voraussetzungen des Terrors« unterschlägt (Schütz 1980 a, S. 56). Oder in der gewohnten Apodiktik von Reich-Ranicki: »Sansibar enthält doch weder eine Abrechnung mit dem Nationalsozialismus noch ein stilisiertes Bild der damaligen Verhältnisse [...] Mit der Historie hat dieser Roman nichts zu tun [...] der Nationalsozialismus wird nicht als konkreter politischer Faktor behandelt, sondern fungiert als anonyme Macht der totalen Bedrohung des Menschen, als Sinnbild der Tyrannei.« (Reich-Ranicki 1963, S. 107) Sicherlich ist *Sansibar* auch eine Parabel über Freiheit und Selbstbestimmung. Beide jedoch setzen konkrete und besondere Unfreiheit und Unterdrückung voraus. Ist dem, was Reich-Ranicki, Allemann, Muschg u. a. positiv hervorheben, wirklich doppelt kritisch zu begegnen – im Sinne einer Bestätigung richtiger Wahrnehmungen mit falschen Schlußfolgerungen und Wertungen? Hat Andersch wirklich den Faschismus »dichterisch bewältigt« (K. Schümann, 1958, zit. nach: 1980 a, S. 5) zum Nachteil des besonderen Orts und der besonderen Zeit, die doch gerade seinem Erzählen immer wichtig waren? Ist das konkrete Grauen im Kunstwerk aufgegangen, hat Andersch den Stilisten des Vergessens ein weiteres gelungenes Beispiel geliefert? Hat das existenzphilosophische Modell die historische Konkretion hinwegstilisiert? Ist Rerik wirklich überall und damit vielleicht nirgends, wie Dieter Welz in einer methodisch ambitionierten, inhaltlich eher einengenden »strukturalen Lektüre« des Romans behauptet (Welz 1980)?

Im Gegenteil, gerade dadurch, daß Andersch auf eine vordergründige Erklärung des Faschismus, auf appellatives Verweisen auf dessen Untaten verzichtet, daß er individuelle Täterschaft in der abstrakten Typisierung der »Anderen« aufgehen läßt bis hin zum personalperspektivierten, naturalisierten »Bösen«, verlegt er die faschistische Wirkung in die durch ihn vollends dominierte Innenproblematik der Figuren. Nicht mythisierende Verwässerung, nicht defizitäre Verniedlichung, nicht verallgemeinernde Enthistorisierung, sondern die Allgegenwart der faschistischen Bedrohung wird demonstriert und damit gleichzeitig ein wesentlicher Stützpfeiler faschistischer Herrschaft. Das scheinbar Unaufdringliche beeindruckt. Der Faschismus ist immerwährender todesdrohender Gegenspieler der Personen, ihr Fühlen, Denken und Handeln folgt dieser Voraussetzung, die wie selbstverständlich die Bühne (in) Rerik belastet. Der Faschismus kommt gleichsam nur als Abdruck vor, dessen eindrucksvolle Unmerklichkeit seine alles vereinnahmende Unmenschlichkeit um so stärker hervortreibt.

Die Charakteristika der historischen Zeit bestimmen die Aktionsmuster und Reaktionsweisen der Personen in der realen, der erzählten Zeit. In der scheinbaren Beiläufigkeit der Andeutung entfaltet sich die ganze Konfliktsituation der Betroffenen. Antisemitischer Rassenwahn und seine staatlich organisierte Durchführung (Judith), die als »Euthanasie« mißverstandene Ideologie und Praxis der »Vernichtung unwerten Lebens« (Bertha), die terroristischen Mechanismen des Polizeistaates (Paß), die Borniertheit und Geistlosigkeit der Ideologie »entarteter Kunst« und ihre Durchführung auch mit Hilfe opportunistischer Handlanger (»Lesender Klosterschüler«), die Spaltung der evangelischen Kirche in »Bekennende Kirche« (Helander als Anhänger Karl Barths) und NS-hörige »Deutsche Christen«, der illegale Widerstandskampf der KPD mit dem tragischen Konfliktpotential von Parteiloyalität, Angst und gedanklicher Desertion (Gregor, Knudsen).

Was M. Durzak für Anderschs (Kurz-)Geschichten herausstellte, trifft auch die Erzählweise in *Sansibar*: Die politischen Implikationen der Zeit, die Wirklichkeitserfahrungen der Personen erschließen »wie in einem Prisma [gebündelt] das ganze Spektrum« (M. Durzak, Die deutsche Kurzgeschichte. Ditzingen 1980, S. 140).

3.1.5 Erzählstruktur

Dem konzentrierten Andeutungscharakter der äußeren Bedrohung entspricht die kommunikationslose gesellschaftliche Verödung, die die intellektuelle und psychische Auseinandersetzung und Verarbeitung in den Innenbereich der Personen zwingt. Folgerichtig verzichtet Andersch auch aus diesem Grund auf den auktorialen Erzähler. Die bedrohungs- und entscheidungsträchtige Zuspitzung auf den einen Ort, die kurze Zeit erfordert bereits den soziologischen Ausschnitt anstelle der gesellschaftlich panoramaartigen allwissenden Entfaltung. Thematisch und erzählstrategisch wäre ein souveräner Figurenschöpfer und -lenker inadäquat. Die dramatische Anlage des Romans verlangt die personale Erzählweise, deren szenische Umsetzung Andersch konsequent bis in die Art und Weise der Kapitelüberschriften weitertreibt. Denn auktoriales Sich-Versagen bedeutet auch, darauf zu verzichten, den einen Helden zu kreieren und zu favorisieren. Derart signalisiert die jeweilige namentliche Nennung als Überschrift der 37 Abschnitte (Szenen) auch in ihrem Verzicht auf – gewohnte – Hinweise auf zentrale Ereignisse und/oder Motive – die Gleichwertigkeit der Personen in ihrer Bedrohung und Einsamkeit. Die personale Reduktion verteilt Andersch auf fünf Figuren. Die jeweilige singuläre (solitäre) und variable, tendenziell kollektive Nennung der Namen verweist auf die lebensgeschichtlichen Ausgangssituationen ihrer Vergangenheit und Gegenwart, die wechselnden Konstellationen der Kontaktaufnahmen bis hin zur Durchführung der geplanten »Aktion«. Auffällig ist der hohe Anteil der Abschnitte, die mit dem Namen nur einer Figur überschrieben sind, die ersten elf und die letzten drei zählen dazu. Der dieser Art im Erzähltechnischen bereits optisch verdeutlichte solitäre Zustand der Figuren unterliegt jedoch quantitativen Veränderungen. Zwar bleibt die Bedrohung und somit letztlich die Einsamkeit, doch die Erfahrung eines kollektiven Umgangs speist eine neue bewußte Aktivität, die in der potentiellen Steigerung der singulären Bedrohung (Gregor) gleichzeitig ihre perspektivische Überwindung herbeiführt.

Dies trifft möglicherweise sogar auf Helander zu, der als einziger die »Aktion« nicht überlebt. Es wäre zu fragen, inwieweit sein Handeln verantwortungsvoller christlicher Radikalität erwächst, die (noch) die eigenen Zweifel in die dem christlichen Glauben unter extremen Bedingungen abverlangte extreme – revolutionäre – Deutung einschreiben kann. Erst recht treffen die veränderten Wirkungen auf den »Jungen« und auf Gregor zu. Die bereits optisch hervorgehobenen Besonderheiten des »Jungen« bedürfen im weiteren der genaueren Klärung. Gregor, das partielle, fiktionale programmatische alter ego seines Autors, vergleichbar der Wunschbild-Biographie bei Peter Weiss (*Ästhetik des Widerstands*) verzichtet am Schluß auf die Flucht, die ihn auch nach Rerik trieb. Läßt man persönliche Gefühle als Motive beiseite (sein gestörtes Verhältnis zu Knudsen, seine Verliebtheitsgefühle für Judith, z. B. 137), so müssen Ursachen und Begründungen für Gregors Bleiben im Land der Bedrohung tiefer liegen – wobei die im Angesicht des Kunstwerks »Lesender Klosterschüler« gern herausgelesene Option für die Kunst zu kurz greift. Umfassender ist die Deutung einer selbstreflektorisch in Gang gekommenen Neudefinition ästhetischer Existenz, deren potentieller Widerspruch zwischen Handeln und Reflektieren (Lesen) sich durch den eigenen Auftrag auflöst. Gregors Bleiben im Land der Bedrohung macht nur handelnd Sinn, als Schauplatz gelebter kontemplativer ästhetischer Existenz ist es gänzlich ungeeignet.

Auch Knudsen und Judith schreiten voran. Knudsen überwindet die kreatürliche Fürsorge für seine Frau (ohne sie aufzugeben) als Hindernis für die Rettung anderer, Judith wird spätestens im Gespräch mit dem »Jungen« (146) vom passiven und naiven Opfer zur tätigen Person, deren Blick sich auch für die Gefährdung anderer geschärft hat.

Andersch verfolgt die Korrespondenz von Einsamkeit/Bedrohung (und potentieller Überwindung) und Erzähltechnik konsequent bis zu Ende, auf diese Art die gesellschaftlichen und politischen Implikationen erinnernd. Trotz aller dramatischen Strukturelemente – szenische Aufgliederung, regieanweisungsähnliche Kapitelüberschriften, Konzentration auf den einen Ort, die kurze Zeit, die auch peripetetische Funktion des »Lesenden Klosterschülers«, die entfaltete Sartre-Metapher der »groupe en fusion« (vgl. Wehdeking 1983, S. 78) – ist es weniger der dramatische Dialog, vielmehr die je eigene notvolle Situation der Ausgeschlossenheit, Abgeschlossenheit und Verschlossenheit, die den Personen ihren Stempel aufdrückt und ihnen Wirkung verleiht.

Die Außenwelt erzwingt die Innenproblematik, die personale Erzählperspektive erfolgt »durch das streng durchgehaltene Prinzip simultaner Figurenführung«, wobei die Figuren aus dem bestehen, »was sie sind, was sie denken und was sie tun.« (Bienek 1962, S. 142 f.) Die Dialektik von Vorausgesetztem, Mitgebrachtem und aktuellem Denken und Tun forciert nicht nur die Makrostruktur der Handlung, sondern konstituiert auch die Mikroszenen verbaler und nonverbaler Begegnung und Konfrontation. In der Summe der Einzelperspektiven, der Polyperspektivität ist auch die jeweilige Spiegelung des einen durch den anderen und umgekehrt angelegt. Die Perspektivität zeigt das individuelle Bild als Bild des einen Individuums, der andere wird Teil des jeweiligen individuellen Blicks ohne Teilhabe an der gesamten Person. Das Vorherrschen der Wahrnehmung und des Denkens dirigiert das Sprechen nur selten als kommunikative Öffnung, zumeist – in Verdoppelung der Entfremdung – als Sicherung der eigenen Isoliertheit, die in ihrem Fortbestand immerhin Leben bedeutet. Schweigendes Reden und beredtes Schweigen sind geläufige dialogische Ausdrucksformen dieses Zustands kommunikativer Kontaktlosigkeit, der jedoch zunehmend fundiert wird in der abgerungenen Planung und Durchführung der »Aktion«. Die formale Konsequenz der Handlungstrias von Isolation/Bedrohung, kollektiv-kommunikativer Rettungsaktion und individuellem Persönlichkeitszugewinn präsentiert Andersch in der artistisch kalkulierten Variantenabfolge von innerem Monolog, erlebter Rede, Dialog und auktorialer Fügung. Letztere orientiert in erster Linie über Raum und Zeit, leitet häufig die erlebte Rede ein, die ihrerseits im inneren Monolog mündet (z. B. Beginn und Verlauf von Kap. 16), der den Dialog seinerseits steuert und kommentiert (z. B. das erste Gespräch Knudsen/Helander, 26).

Diese monologische Bewahrung des eigenen Selbst gegen die potentiell mißverständliche Offenheit des gesprochenen Worts hat jedoch nicht nur defensiven Charakter. Das eindeutig signalisierte Mißtrauen, die sprachliche Minimalisierung als Form erhöhter Skepsis gegenüber dem Gesprächspartner beläßt das eigentlich zu Sagende zunächst im Bereich der Reflexion. Diese Trennschärfe zwischen Bewahren und Aussagen, Denken und Sprechen gibt dem reflektierten Schweigen eine zusätzliche Tiefendimension, oft noch verstärkt durch das auktoriale »dachte er, . . . (sagte er)«. Die scheinbar konventionelle Floskel »dachte er . . .« ihrerseits durchbricht und vertieft nicht nur den Strom naiver Bewußtseinserzählung, betont nicht nur ausdrücklich die verschärfte gedankliche Durchdringung des wahrgenommenen Außen, sondern schafft in der Dialektik von Innen und Außen, im Wechsel von genauer Beobachtung des anderen, eigener Verarbeitung und gezieltem Sprechen neue kommunikative Möglichkeiten, die die eigene

Isolierung zu durchbrechen vermögen, weil sie im perspektivischen Wechsel die (potentiellen) Gesprächspartner auf der Ebene reflektierender Beobachtung und Deutung gedanklich zusammenbringt. So entsteht aus der Not auf sich selbst zurückgeworfener reflektierender Bedrängnis gleichzeitig (Spiel-)Raum für Aktivität und Widerstand, verdeutlicht in der den Roman überlagernden Metapher des »Lesenden Klosterschülers«, auch des lesenden »Jungen« ebenso wie in einer Fülle von Mikroszenen, in denen die multiperspektivische Bearbeitung der Situation die singuläre Isoliertheit (auch der Wahrnehmung) verdeutlicht und in der gemeinsamen, wenngleich noch isoliert additiven Klärung ihre Überwindung hervortreibt – so etwa im 22. Kapitel, in dem in zehnfachem Perspektivenwechsel Gregor programmatisch das sich anspannende »Netz von Beziehungen« (67) auf den Begriff bringt.

Dieser dramatische, trotz Überwiegen des monologischen finessenreich dialogisierte Roman steht nicht nur formal ganz im Zeichen der »Moderne«. Der realistische Roman des 19. Jahrhunderts verwirklicht zunehmend den Anspruch, die individuell erfahrene gesellschaftliche und soziale Konfliktsituation in epischer Subjektivierung zu präsentieren. Die Figurenrede, dialogisch oder monologisch angelegt, dominiert als Verarbeitung äußerer Wirklichkeit das Handlungsgeschehen. Im Gegensatz zur Funktion des Gesprächs – der umfassenden persönlichen Durchformung der Hauptfigur – im klassischen Bildungs- und Entwicklungsroman werden Sprechen und Schweigen, Sprache und Denken Instrumente und Reflexe bewußter und unbewußter Bewältigungsmöglichkeiten gesellschaftlicher, sozialer Zusammenhänge und persönlicher Konflikte. Die formale Konsequenz des erhöhten Gesprächsanteils im deutschen Roman von Stifter über Raabe bis Fontane radikalisiert das Krisenbewußtsein der Jahrhundertwende auch als Sprachkrise, formalisiert im inneren Monolog als Extrem der persönlichen Erzählsituation (z. B. Hofmannsthal, Chandos-Brief, 1902; Joyce, Ulysses, 1922; Döblin, Berlin Alexanderplatz, 1929; Schnitzler, Leutnant Gustl, 1900, und Fräulein Else, 1924). Den Dissens von Gesellschaft und Individuum bewältigte der bürgerliche Realismus noch mit Humor, Entsagung, humanem Rückzug auf das eigene Selbst; die Entfremdung von der bürgerlichen Realität zu Beginn der »Moderne« findet sich als Form grenzenloser Einsamkeit in der Ausschließlichkeit des fragmentierten inneren Monologs. Thomas Mann fand noch (zeitweilig) den Ausweg liebe- und kunstvoll gepflegter Ironie und Parodie, die Barbarei des Faschismus zerstört mit der bürgerlichen Gesellschaft auch ihre subjektiven Ausdrucksformen. In der Konstruktion eines fiktionalen Modells behaupteter Freiheit im Namen (des Existentialismus und) der Kunst, die die Lähmung des Denkens in der »Aktion« (der Rettung) aufgehen läßt, sucht Andersch erstmals nach der autobiographischen Selbstvergewisserung von 1952 den Ausweg aus der Krise der »Moderne« auch in der Reorganisation der Kunst, die zur neuen Handlungsgewißheit führen soll.

3.2 Die Struktur im einzelnen

Die bisherige Literatur zu *Sansibar* hat sich von Anderschs artistischer Modellkonstruktion einladen lassen, mehr oder weniger phantasievolle Zugriffe zu präsentieren. Geißler (1962, S. 221) spielt verschiedene personale Konstellationsvarianten durch – Junge/Erwachsene, Einheimische/Fremde, Politische/Unpolitische, Proletarier/Bürgerliche, Passive/Aktive, Opfer/Helfende etc. Schiller (1979, S. 24 f.) und Müller (1988, S. 43 f.) favorisieren eher eine am klassischen Drama orientierte fünfaktige Aufgliederung – Exposition/Verwicklung/Höhepunkt/verzögerter Umschwung/Katastrophe, Lösung. Für den Roman bedeutet dies etwa folgende Umsetzung: Die *erste Einheit* (bis 21) umfaßt die isolierte Einführung der Figuren, Bedrohungen und Rettungsabsichten werden verdeutlicht, verschiedene Zusammentreffen sind eingeleitet (Gregor/Knudsen) bzw. zu ahnen (Helander/Knudsen), umrahmt wird der erste Sinnabschnitt vom »Jungen« (Kap. 1, Kap. 9). In der *zweiten Einheit* scheitern zunächst die ersten Ausbruchspläne, die Einzelhandlungen verknüpfen sich jedoch, Gregor entdeckt den »Lesenden Klosterschüler« für sich (bis Kap. 18 bzw. 19; 52). Gregors Umorientierung zeichnet in einer *dritten Einheit* den weiteren Weg der Handlung vor, er knüpft das »Netz von Beziehungen« enger, Knudsen deutet seine Mithilfe an, Judiths Unternehmungen am Hafen scheitern, der »Junge« spricht seinen »letzten Grund« aus, der erstmals im Text formulierte Romantitel bedeutet die weitere Integration der Personen zur gemeinsamen Aktion (bis Kap. 26/27; 91 f.). Die *vierte Einheit* zeigt die genaue Planung und Vorbereitung der Rettung, die Integration der Einzelschicksale erreicht ihren Höhepunkt (bis Kap. 30/31; 120). Die *fünfte Einheit* schildert die Flucht als Rettung und die Entscheidungen der verschiedenen Personen.

Die personalen Choreographien mögen einen ersten Zugriff erleichtern, die am Drama orientierte Zuordnung ist unter dem Gesichtspunkt des parallelen Verlaufs der Geschehnisse nicht problemlos (besonders Einheit 2 und 4), betont jedoch legitimerweise den auch von Andersch geschätzten und kunstvoll gehandhabten Spannungsbogen der Geschichte, damit jedoch wesentlich nur den einen, wohl nicht den entscheidenden Akzent, der Handlungsverlauf und Thematik ihren Sinn geben soll. Andersch gegen den Vorwurf didaktischer Überdeutlichkeit zu verteidigen, heißt nicht das existentialistisch inspirierte Engagementmodell zu übersehen, das dem Versuch, Beschreibung, Realismus und konstruiertes Modell zur Deckung zu bringen, unterlegt ist. Ein früher von W. Zimmermann (1968) ins Spiel gebrachter Gliederungsaufriß kommt diesen Intentionen – ungewollt – vielleicht am nächsten. Er schlägt drei Kompositionsteile vor (ebd., S. 196), die für unsere Zusammenhänge wie folgt zu akzentuieren sind: Im *ersten Teil* (bis Kap. 19) erfahren wir die für die szenische Gegenwart wesentlichen Vergangenheitserlebnisse und -erfahrungen der Personen, die Relevanz und Notwendigkeit des inneren Monologs/der erlebten Rede für die Gegenwartshandlung, die aus Isolation und Bedrohung erwachsene und durch sie gebundene beginnende Bewegung der Personen zueinander, auch anläßlich der Gefährdung und Verarbeitung des

Kunst- und »Gebrauchsgegenstands« »Lesender Klosterschüler«. Der *zweite Teil* (bis Kap. 34) zeigt die Klärung der Standpunkte im je individuell dynamisierten Gruppenprozeß, die Planung und Durchführung der »Aktion«. Der *dritte Teil* (Ende Kap. 34 bis 37) unterrichtet über die je verschiedenen Entscheidungen und Durchbrüche zur Freiheit. Anderschs strenge Konzentration auf Form und Thematik, die Hermetik der szenischen Gegenwart und die Integration historisierter und stilisierter Motive und Wirkungen ist begrifflich zu fassen in der *Trias von Isolation/Bedrohung, Kommunikation und Entscheidung* für die »Aktion« und *Befreiung* in und durch die »Aktion«.

3.2.1 Erster Teil (Kapitel 1-19)

Wie häufig im – nicht nur modernen – Roman, signalisiert der Anfang, sei es als erster Satz, erste Seite, erstes Kapitel, Programmatisches. Anderschs Roman beginnt und endet mit der Perspektive des »Jungen«. Durchlaufend ist ihm jedes zweite Kapitel gewidmet. Seine Bedeutung, ja Sonderstellung ist zudem typographisch hervorgehoben. Die Auffälligkeit, daß der »Junge« die ungerade numerierten Kapitel füllt, mag man durchaus unspekulativ als sperriges Zeichen deuten. Hier liegt jemand quer zur Welt der Erwachsenen. Doch es ist mehr als nur die naive Repräsentanz der biologisch nachfolgenden Generation, mehr als nur intuitives Leiden an Lügen und Eintönigkeiten der Erwachsenen (12, 21, 25, 38, 45). Es ist auch die von den Wirren der Zeit unbelastete biographische Substanz, die Umbekümmertheit und Unbelastetheit von den verfremdenden Faktizitäten politischen Drucks und erwachsener Zwänge, die die (pubertären) Überlegungen des »Jungen« exemplarisch aufwerten. Seine Monologe (Anfang) und Taten (Ende) bilden den Rahmen der Erzählkonstruktion. Aufgrund seiner Distanz zu den Erwachsenen und ihrer fehlenden Teilnahme an seiner Welt kann er perspektivisch ungebrochen seine Einstellungen artikulieren. Ungeschützt und authentisch wird derart seine Idee der Selbstverwirklichung präsentiert. Ihre Relativierung durch die Erwachsenen erfolgt erst im Rahmen der »Aktion«, die auch die Erwachsenen substantiell verändert.

Schon die sehnsüchtige Spekulation im Konjunktiv der ersten Sätze im ersten Kapitel zeigt, daß Andersch den »Jungen« nicht als statisches, dogmatisches Gegenbild gegen die (erwachsenen) Verhältnisse konzipiert hat. Der Konjunktiv kündet auch bereits vom Zweifel, von Wandlungen und Entwicklungen, wie sie das Schlußkapitel im Indikativ (der Tat) als Antwort auf die geträumten Möglichkeiten eindrucksvoll bereithält. Auch der noch gewichtig im ersten Kapitel als Beginn des zweiten Absatzes, zudem als Teilwiederholung des abgeschlossenen ersten, plazierte Satz »Man mußte weg sein, aber man mußte irgendwohin kommen« (7) verweist auf ein noch unbewußt gelagertes Potential, das die romantische Abenteuerillusion bald transzendieren wird. Denn »erst dann ist man weg, dachte der Junge, wenn man hinter der offenen See Land erreicht hat.« (7) Die Notwendigkeit der Ankunft und des Landens ist ebenso präsent, wie allerdings auch die

Ziellosigkeit des Aufbruchs (25). Das »Land« »hinter der offenen See« bezeichnet für den »Jungen« den Ort schrankenloser Freiheit, die Gegenwelt zum gesellschaftlichen Mikrokosmos seiner familiären und örtlichen Umgebung, in der andere über ihn herrschen. Das Meer, traditionelles Freiheitssymbol, wird relativiert und verweist bereits auf das spätere Inselmotiv, die Entdeckung Sansibars (82) als Wende zur Aktivität.

»Man mußte sich etwas Neues ausdenken, damit man nicht so wurde.« (33) meint nicht nur Langeweile, Stagnation, Interessen- und Ideenlosigkeit der Erwachsenen und ihre imperativisch verschleierte Erklärungslosigkeit, sondern auch eine kritische Betrachtung des Vaters, den der »Junge« ansonsten gegen die Reriker Verleumdungen verteidigt (12, 25), der jedoch über »sinnlose, betrunkene Fahrten [. . .] [als] Ausbrüche aus seiner Welt« nicht hinauskam. »Neues ausdenken« meint auch die Perspektivlosigkeit des nur gedanklichen Ausbruchs, dessen Dilemma er mit dem Vater teilt (im Gegensatz zu den Rerikern »hatte er auch Ideen«, 25) und gleichzeitig in der Traumwelt seiner Abenteuerbücher überhöht und aufhebt. Dies ist vergleichbar der vermeintlichen Aufhebung seiner realen Unterdrückung (besonders durch die mahnend-spießige Enge der Mutter) durch die selbstgewählte Isolation in der alten Gerberei, wo er »den Tom Sawyer und die Schatzinsel, den Moby Dick und Kapitän Scotts letzte Fahrt und Oliver Twist und ein paar Karl-May-Bände« (81) bereithält. Besonders Twains *Huckleberry Finn* speist sein Verlangen nach Ausbruch und Veränderung. Biographische Parallelen (Halbwaise, trunksüchtiger Vater) erklären neben der unbekümmerten Abenteuerlust seine Nähe zu Huck. Von ihm lernt er, daß »weg sein« besser ist, als sich zu verstecken. Hucks erfahrene »stillness« und »dullness« entsprechen dem ersten Grund des »Jungen«: »weil in Rerik nichts los war.« (9) Doch spürt er auch die Unterschiede: »Er floh, weil er verfolgt wurde. In Rerik, dachte der Junge, gab es keine Verfolgungsjagden.« (52), statt dessen die Notwendigkeit von Papieren, wenn man ins Ausland wollte. Daß er ihren Erhalt von der Einwilligung der Mutter abhängig macht, ist seinem noch jugendlichen Bewußtsein geschuldet. Dennoch hat er bereits eine Ahnung von den genormten, bürokratischen und kleinbürgerlichen politischen Verhältnissen, die er allerdings eher als heutige verallgemeinert, denn »Huckleberry Finn, der brauchte keine Papiere. Aber das war damals« (ebd.).

Der Erzähler verknüpft am Ende des ersten Teils (Kap. 19) die rudimentären Wahrnehmungen der politischen Situation mit der Entwicklungsgeschichte des »Jungen«, der erstmals den Unterschied von gegenwärtiger Realität und Abenteuerbüchern auf einer tieferen Ebene reflektiert, und integriert diese in die Haupthandlung, die den »Jungen«, wenngleich in seiner Motivation noch negativ orientiert, zu positivem Mittun bereitfindet. Dies schafft ihm konkrete Situationen, die seine Weiterentwicklung ermöglichen und forcieren.

Im Gegensatz zum reduzierten, aber unverschlissenen Wahrnehmungspotential des »Jungen« besitzt Gregor ausgesprochen intellektuelle Fähigkeiten, bis hin zur mitunter monierten reflektierenden Überwucherung (ähnlich Helander). Sie ist allerdings – oft nicht gerechtfertigten – auktorialen Einlässen geschuldet

(»Das Nichts treibt ihn an«, 151; vgl. Wehdeking 1983, S. 77). Der Erzählerkommentar erwächst auch der autobiographischen Nähe der Figur Gregor zum Autor. Denn die Kernfiguren, der »Junge«, Gregor und Helander sind Teilfigurationen der eigenen Entwicklung, die weitere Verweisungszusammenhänge im Kontext des Werkes erfordern (vgl. u., Kapitel 4).

Hier formuliert Gregor zusammen mit der – in diesem Fall komplementären – Figur Knudsen auch die enttäuschenden Erfahrungen seines Autors mit der Politik der KPD von 1933. Doch Gregor als fortgeschriebenes Wunsch-alter-ego erfährt die Konfliktsituationen der Zeit als persönliche Krise umfassender und tiefer. Sein Denken und Handeln sind bestimmt durch sein Verhältnis zur kommunistischen Partei. Ausgebildet auf der Lenin-Akademie in Moskau, ist er als Instrukteur des ZK ein führender Genosse. Die Jahre der Illegalität, der äußersten Beanspruchung psychischer und physischer Kräfte haben ihn verändert, ihn in Zwiespalt mit seiner Partei gebracht. Angst vor Entdeckung (40), das Gefühl, genug getan zu haben (41), mischen sich mit der Erinnerung an Begebenheiten seiner Ausbildung und Parteiarbeit (Tarasovka, 23, Franziska-Erlebnis, 113), über die er aus revolutionärer Disziplin geschwiegen hatte, mischen sich mit dem Vorwurf mangelnder revolutionärer Praxis der Partei (24; vgl. Kirschen der Freiheit, S. 37) und der Kritik an der Reduktion der Erfahrbarkeit und Deutung der Welt auf das Berechenbare (Kirchturmerlebnis, 21 f.).

Mit dieser ideologischen Hypothek, auch mit diesem persönlichen Potential kommt Gregor nach Rerik, um einen Parteiauftrag zu erfüllen, den er nutzen will, um aus seinem »Winkel« herauszukommen, »irgendwohin, wo man noch nachdenken kann, darüber nachdenken, ob es noch einen Sinn hat, an die Partei zu glauben.« (49) In Rerik soll er die Genossen über das neue Fünfergruppensystem informieren, das in Zeiten verstärkter Repressionsmaßnahmen gegen illegale Widerstandsgruppen mehr Sicherheit bieten soll (vgl. 13, 15).

Schon das erste Gregor gewidmete Kapitel entfaltet sein Konfliktpotential gleichzeitig als persönliches Potential. Er besitzt neben seinen intellektuellen Fähigkeiten auch ein sensibles Instrumentarium ästhetischer Wahrnehmungen – als genuines Bewahren gegen seine Ausbildung oder als subtile Folge derselben, sei dahingestellt. Die Landschaft von Rerik gerät ihm zum ästhetischen Bild (7 f.), allerdings nur im gedachten Moment der Nichtbedrohung: ein intellektuelles Spiel seines sensiblen Denkapparates und ein kurzfristiger Traum, der mit der potentiellen Trennung von der Partei gleichzeitig die Aufhebung der eigenen Gefährdung antizipiert. Der »Lyrismus der Formen und Farben« (vgl. mit Bezug auf Camus' *Sisyphos*, Welz 1980, S. 165) wird jedoch realistisch relativiert durch Reduktion auf die alleinige Objektivität der Feststellungen. Die auffällige Häufigkeit der Theatertermini (Vorhang, Szenarium, Kulissen, Schauplatz, letzterer als »Schauplatz einer Drohung«, 8) signalisiert in der Gegenübersetzung von Ästhetik und Faktizität gleichzeitig die Synthese als Ausweg (neuer Qualität), der in der Person Gregor angelegt ist und durch ihn realisiert wird. Die Ambivalenz zwischen »rationaler Analyse und ästhetischer Verdichtung« (Welz 1980, S. 165) mündet nicht »umstandslos im existentialistischen Weltbild«, wie Heidelberger-

Leonhard meint (1986, S. 89), indem »der Mensch seinem Mitmenschen handelnd entgegentritt, indem er bei seiner Selbstfindung Widerstand oder Hilfestellung leistet.« Gregors Monolog am Schluß »seines« ersten Kapitels reflektiert auch notwendigerweise die Erfahrungen mit Menschen als Genossen und als Widerständler, denen dieser Teil seiner Vergangenheit und Gegenwart nicht mit der »Alternative rücksichtslosen Aussteigens« begegnen kann (wie Heidelberger-Leonhard 1986, S. 88, behauptet).

Allein die Erinnerung angesichts der Türme Reriks an sein Tarasovka-Erlebnis als an einen »Verrat« (S. 23 f.) kündet von der andauernden schmerzlichen Gebundenheit an die Partei, übernimmt er doch die Sichtweise und Terminologie derer, die ideologische Abweichung dieser Art und erst recht die praktische Desertion sanktionieren. Das zuvor sensibel komponierte Landschaftsbild gerät ihm im Angesicht der Stadt und ihrer Türme zur ästhetischen Irritation, die ihn – im funktionalen Kontext Judith nahebringend (19 f.) – über Differenzen reflektieren läßt, die in der Opposition von Ästhetik und Faktizität nicht gänzlich aufgehen. Sie prägen auch seine politische Sozialisation als Parteigenosse, der die Unterschiede wahrnimmt zwischen den Vertretern des Ideologiemonopols (der Partei) und den Praktikern, zwischen der einheitlichen Phraseologie der Flugblätter und den je verschiedenen Varianten politischer Überzeugungsarbeit (22). Beide Ebenen steuern auch das erinnerte Tarasovka-Thema. Die ästhetische Faszination separiert ihn von den Pragmatikern des militärischen Sieges, in einem doppelten Sinne. Denn schon während seiner Ausbildung an der Lenin-Akademie (vgl. 24) wie »am Abend von Tarasovka hatte Gregor begriffen, daß er Siege haßte [...] Während er in Moskau die Technik des Sieges studierte, hatten die Anderen in Berlin gesiegt.« (24) Gregors persönlich ausgewiesene Wahrnehmungen sind – oft kontrapunktisch – eng gekoppelt an Vorgaben und Ausrichtungen der »Zentrale des Weltproletariats«, die bekanntlich auch die Taktik und Strategien der nationalen kommunistischen Parteien (mit)bestimmte, wobei die jeweiligen nationalen Besonderheiten der Politik allzu häufig den innen- und außenpolitischen Erfordernissen der isolierten Sowjetunion untergeordnet wurden (vgl. u., Kapitel 4). Andersch spielt hier mit theoretischen und ideologischen Positionen innerhalb der kommunistischen Weltbewegung, präsentiert hier versteckt Kenntnisse des autobiographisch Eingeweihten und des interessierten und engagierten Linken der 50er Jahre, der um historische Aufklärung nicht nur der eigenen Vergangenheit bemüht ist.

Gregors Dissens mit seiner Partei ist demnach zweifach grundiert. Seine spontane ästhetische Sensibilität findet im parteitaktischen Pragmatismus keinen Platz. Seine kritische ermüdende Haltung gegenüber dem Pathos des Sieges in einem Land beklagt die fehlende internationale revolutionäre Praxis. Dies fördert seine Tendenzen zur Abtrünnigkeit, zur »Flauheit«.

Im Gegensatz zu Gregor, für den die Partei in ihrer aktuellen Verfaßtheit eher ein Hindernis seiner weiteren Entwicklung bedeutet, ist sie für Knudsen genuiner Bestandteil seines Lebens. Die kräftige verbale Ablehnung der Partei zeigt seine innere Gebundenheit (12, 31). Knudsen ist in eine Dialektik des Hasses verstrickt:

er haßt die Partei, weil sie ihm ein schlechtes Gewissen durch ihre Politik verschafft hat, die seinen Glauben an sie erschüttert hat. Er ist Helander ähnlich, der am Ende des ersten Gesprächs mit Knudsen diesen Zusammenhang durchschaut (31). Beide leiden unter der Organisation, der sie ihr Leben verschrieben haben. Eine Lösung erscheint kaum möglich. Die eigene Substanz speist sich aus der Identifizierung mit der Partei bzw. Kirche. Ihre kritische Betrachtung führt eher in die emotionale denn intellektuelle Verwirrung (bei Knudsen) und destruiert den eigenen Lebenszusammenhang. Im Gegensatz zu Gregor repräsentiert Knudsen einen anderen Mitglieder-Sozialisationstyp. Er hat die autoritären Parteistrukturen verinnerlicht (der »Junge« hat keine Fragen zu stellen, 86, wenn die Partei etwas vorhat, gibt es keine Rücksicht, 88), sein Weg in die Partei ist weniger ein intellektueller Übertritt als vielmehr Ergebnis sozialer Erfahrung, die der besonderen Reflexion nicht mehr bedarf. »Ich wollte, die Partei schickte mal einen richtigen Arbeiter.« (45), denkt Knudsen, als er Gregor erstmals in der Kirche sieht.

Im ersten Gespräch mit Helander reproduziert er die gängigen Termini: »Der verrückte Pfaffe. Ich soll ihm seinen Götzen retten.« (28), verteidigt im antibourgeoisen Affekt Lenin und die Revolution gegen den vereinnahmenden Vergleich Helanders. In mehrfacher Spiegelung thematisiert Andersch hier den subtilen, weil Gemeinsames und Trennendes umschließenden Problemzusammenhang von bürgerlicher und nichtbürgerlicher Opposition gegen den Faschismus, von Motivlagen für Organisationsmitgliedschaft und von verarbeitender Ex-post-Haltung. Im Vergleich von Partei und Kirche reproduziert Andersch einen linksbürgerlichen Topos der Sozialismuskritik und trifft gleichzeitig in der historischen Gegenwart die neue Orientierung volksfronthafter Zusammenarbeit zwischen Kommunisten, Christen, Antifaschisten (VII. Weltkongreß der Komintern, 1935), die Gregor als »neue Taktik« mit nach Rerik bringt. Der »Blick des Einvernehmens« (31) angesichts des Wirts zwischen Knudsen und Helander ist auf dem Hintergrund der divergenten Lebensgeschichte beider bereits ein konspirativer Blick, der die Geschichte vorantreibt.

Bei aller historischen Abstraktion bindet Andersch konkrete und versteckte historische Hinweise eher an die Figur Knudsen. Sie komplettiert die ästhetische und intellektuell irritierbare autobiographische Figuration Gregor und erhält darüber hinaus als lebensnahe Variante des illegalen kommunistischen Widerstandes ein Eigengewicht, das das nahe Beieinander von menschlicher Schwäche und Stärke, jenseits des geschichtsschreiberischen Heldentums, verkörpert. Knudsen informiert über den Zusammenhang von Kriegsvorbereitung und verstärkter Repression (15), über die desolate aktuelle Situation der Partei (ebd.). Er trägt wütend den Konflikt aus zwischen den parteilichen Anforderungen und dem kreatürlichen Impuls, seine gefährdete Frau Bertha zu schützen, den die Anderen dazu ausnutzen, seine Passivität zu erpressen (14). Die Verknüpfung von persönlicher Geschichte als Parteigeschichte mit der Handlungsgeschichte faßt Andersch im Symbol des »stummen« bzw. »toten Fisches« (16, 88) – der Knudsen nicht sein will, den er mit Lust, Liebe und Leben konterkariert (ebd.) –, das nochmals (im Gegensatz zu Gregor) die Partei als existentielles Ferment der eigenen

Biographie verdeutlicht und die Handlung spannungsvoll weitertreibt. Schließlich macht er sich verdächtig, wenn sein Fischkutter länger als gewöhnlich im Hafen liegt.

Vergangenes und Gegenwärtiges verknüpfend, wird Knudsen nicht zufällig von Helander in die Geschichte eingeführt. Trotz persönlicher und politischer Differenzen von gestern (vgl. 26 f.) setzt Helander heute seine Hoffnung auf Knudsen, auf Hilfe »gegen den gemeinsamen Feind« (9). Warum gerade dieser Kutterbesitzer und gerade dieser Antifaschist gefragt ist, beruhte auf einer Wahlverwandtschaft Knudsens und Helanders, die sie bei allen vergangenen Differenzen ein Gespür für den vergleichbaren existenzbedrohenden Glaubensverlust entwickeln läßt (31).

Die autobiographische Teilfiguration Helander hat Andersch als Mischung des realen Vaters (Physis und brennende Operationswunde) und des Wunschbildes vom Vater, der als Protestant der Bekennenden Kirche die Spannung zwischen christlicher Lehre und eigenem, aktivem Handeln austragen muß, angelegt. Die echolose »Leere« seines Kirchplatzes (9) als konkretes und reales Zeichen seiner Umgebung, seiner Gemeinde und seiner Amtsbrüder, die konservativ sind bzw. zu den »Anderen« gehören (29 f.), wird ihm zum Symbol der eigenen »Einsamkeit« und korrespondiert mit der »Schrift« auf der Ziegelwand, »die nie erschien« (10): fehlende Botschaft des Friedens und der Gerechtigkeit. Helanders Krise ist schon zu Beginn als Theologie der Krise, als die dialektische Theologie Karl Barths angedeutet, deren besonderer Begriff von Gott als dem »ganz Anderen« später von ihm nacherlebt wird. Helanders Glaubenskrise wird verschärft durch seinen Zustand als zuckerkranker Schwerkriegsbeschädigter, der durch die geplante Rettung des »innerste[n] Heiligtum[s]« seiner Kirche (29) das Martyrium des KZ vor Augen hat.

Seine unterschiedlichen Bezeichnungen des »Lesenden Klosterschülers« als »Heiligtum«, »kein Kunstwerk«, »Gebrauchsgegenstand«, »Mönchlein, das liest«, das den »ganze[n] Riesenbau der Kirche [...] auf die Probe« stellt (28 f.), präludieren in der Multiperspektivität das Paradigmatische des »Lesenden Klosterschülers« als Metapher, Symbol oder einfach Inbegriff von Kritik, Antidogmatik, Freiheit und Neugierde. Die eher nebensächlich erwähnte Herkunft entspricht zwar einerseits Anderschs Verfahren beiläufig angedeuteter historischer Konkretionen, unterstreicht jedoch andererseits die eigentliche Relevanz des Produkts (nicht des Produzenten), das als Deutungsangebot für den Betrachter (und den Leser) Antriebskraft modellhafter Verhaltensweisen ist.

Dies gilt besonders für Gregor, dessen Weg zum Treffen mit Knudsen in der Kirche auch der Weg zum »Lesenden Klosterschüler« ist. Er ist in des Wortes Sinne noch unterwegs, seine ästhetischen und psychischen Sensibilitäten führen zu fortgesetzten und vertieften Zwiespaltigkeiten, die erst in der Begegnung mit dem »Lesenden Klosterschüler« auch als Begegnung mit sich selbst und seinen Möglichkeiten ihre potentielle Vereindeutigung erfahren.

Gregors Wahrnehmungen außerhalb und in der Kirche konzentrieren sich zunächst auf Farben (rot, weiß), binden sich assoziativ an Motivketten, die, chiffriert und deutungsoffen, ihre erzählerische Bedeutungskontruktion er- und behalten. »Leere« und »Einsamkeit« zeugen von seiner fehlenden Praxis, bringen ihn jedoch auch Helander nahe, dessen Kirche als wärmender »Mantel« bestenfalls später und illusionslos zu bedenken ist, »nach der Flucht von den Fahnen« (40), dem erstmals hier so genannten Zentralmotiv Gregors und Anderschs. Es erweitert die in den *Kirschen der Freiheit* thematisierte Desertion aus der NS-Armee zur gedachten und praktizierten Ablehnung jeglicher Ideologie (als Dogma) und setzt das politische Gewissen als menschliche Substanz, erfahrbar aus ästhetischer Anschauung. Zuvor jedoch öffnen sich Gregors ästhetischer Wahrnehmung Fahnen verschiedener Art. Anfangs sind ihm die Kiefern »mattgrüne Fahnen« (7), das Gold der Fahne des glaubenschützenden Schwedenkönigs Gustav Adolf »würde sich in Staub auflösen, wenn man es berührte«, es ist nicht das Gold des Schildes von Tarasovka (40). Dies reaktiviert seine »Angst« in Erwartung konkreter Parteiarbeit, relativiert sie gleichzeitig, da sie üblich ist in diesen Zeiten, und provoziert ihn dennoch zur entscheidenden Frage nach der Relevanz von Aufträgen, die angstbesetzt sind und an die nicht zu glauben, er sich zu sagen und zu denken verbietet, denn »die Aufträge der Partei [sind] die einzigen, an die zu glauben sich noch lohnt.« Es sei denn, so seine »ungeheure Ahnung«, es gäbe »eine Welt ganz ohne Aufträge.« (und Fahnen)? (41) Das Schiffsmodell in der Kirche und die Türme von Rerik klagen die Realität ein und verdichten seine widersprüchlichen Empfindungen gegenüber der Partei zum »toten Punkt«, an dem »es noch einen Lebendigen geben [mußte], der half.« (42) Dies sind weder Knudsen, weder der »Marmormann«, noch die Partei (Fahnen). Absatz- und übergangslos präsentiert, wird sich Gregor nun der Figur des »Lesenden Klosterschülers« bewußt. Sein Blick geht von außen nach innen, von der beschreibenden Anschauung zur eigenen Deutung. Schon im Äußeren sieht er Einfachheit, Gelassenheit, Konzentration und Witz. Die innere Anverwandlung der Figur folgt der eigenen ambivalenten Befindlichkeit und exerziert den Spielraum von falscher Identifizierung »das sind ja wir« bis hin zum produktiven Differenzempfinden »er ist ganz anders« durch.

Das Anderssein des »Klosterschülers« markiert Gregor im aufmerksamen, genauen, kritischen Lesen. Seine Versunkenheit ist nicht Hingabe an die Texte, sondern autonom gestützte Skepsis, dessen jederzeit mögliches, subversives »das ist nicht wahr« (im Bild des Vogels, vgl. auch 142) die eigene Freiheit behauptet. In der Harmonisierung von Kutte und Freiheit, vom Leben nach Regeln, »ohne den Geist zu binden«, wird die Barlachfigur zum Paradigma von Gregors »ungeheurer Ahnung»: »ich habe einen gesehen, der ohne Auftrag lebt«. Sie bringt ihn weiter auf den Weg selbstdefinitorischer Reflexion, die in der Aufkündigung kollektiven Gehorsams gegenüber dem Dogma (dem säkularisierten »Kloster«) die eigene Individualität freisetzt.

Im anstehenden Gespräch mit Knudsen werden Gregors Ambivalenzen fortgeschrieben, wenngleich auf höherer Ebene. Handlungsgeschichte und persönliche Geschichte finden zu weiteren Übereinstimmungen. Das Treffen mit Knudsen fordert noch einmal alte Realitäten ab, die jedoch bereits in neue münden. Entsprechend irritiert ist Knudsens erste Wahrnehmung. In der Mischung von »kein Arbeiter« und »kein richtige[r] Intellektuelle[r]« bringt er Gregor im Rahmen seiner Wahrnehmungsmöglichkeiten auf den Punkt trainierter Härte, der sicher auch Richtiges bei Gregor trifft, ohne ihn ganz zu fassen. Zumal Gregor gleich den »Klosterschüler« ins Spiel bringt, allerdings im lapidaren Schwung der beiläufigen Alltagsrede. Knudsens spontane Reaktion »An der da [Figur] war gar nichts Heiliges« zeigt auch ihn bereits bei aller Reduktion auf dem richtigen Weg zum »Klosterschüler«. In einem weiteren Teil des Gesprächs dominiert Knudsens Zurückhaltung (dachte er ...) gegenüber Gregors parteiinternen Informationen (angedeutete Volksfrontpolitik, Fünfergruppensystem), wobei der Parteifunktionär Gregor manches sagt, was er nicht mehr glaubt, anderes nicht sagt, was er nicht mehr glaubt. Eine neue dramatische, auch handlungsrelevante Qualität bekommt das Gespräch durch Knudsens geständige Neigung zur tatenlosen inneren Emigration, die den parteilichen Gehalt im Kopf bewahren will (vgl. Anderschs mitunter positive Wertung der inneren Emigration). Gregor wird »aufmerksam« (48) und bestätigt denkend (wie Brechts Keuner-Figur) »man mußte übrigbleiben, darauf kam es an« (ebd.). Auffälligerweise wechselt nun das dominante »dachte er« von Knudsen zu Gregor, dessen verinnerlichte Einhaltung illegaler Kampfmethoden Knudsens angedeutete Offenheit nicht sofort mitträgt. Es ist die Erinnerung an den »Klosterschüler«, die ihn »alles auf eine Karte setzen« läßt (50). In zunehmend gereizter Atmosphäre wird die psychische Dynamik gegenseitig erkannter gedanklicher und geplanter Desertion in Gang gesetzt, die nochmals Knudsens fürsorgliche Bindung an Bertha verdeutlicht. Durch den Eintritt des Küsters werden der Druck auf Knudsen und die Spannung weiter erhöht, durch Helanders Auftauchen die Handlungsfaktoren weiter pointiert.

Im Unterschied zum »Jungen«, zu Helander, Knudsen und Gregor, deren Problematik in erster Linie der besonderen menschlichen und historischen Situation erwachsen, ist zwar Judiths Flucht als Jüdin ebenfalls durch die NS-Politik motiviert, doch wird ihre spezifische Entwicklung eher soziologisch durch ihre bürgerliche Erziehung und Herkunft bestimmt. Judith wird als letzte Person des Reriker Ensembles in den Roman eingeführt aus der kompositorischen Überlegung, Judiths bürgerliche Herkunft (die auch Gregor später beklagen wird) konfrontativ der Realität auszusetzen. (In kritischer Nachbetrachtung findet Andersch Judith ein wenig hölzern geraten, bei Gelegenheit gelte es sie zu überarbeiten.) Anders als Gregor, dessen Unterwegssein nach Rerik, der »Bühne« der Entscheidungen, auch in symbolischer Überhöhung zu verstehen ist, ist Judith dort bereits präsent. Die Voraussetzungen werden auktorial und in dialogisierter erlebter Rede beigebracht (18 f.) und leitmotivisch wiederholt (z. B. »Flucht im Auftrag einer toten Mutter«, 104). Ihre mehrfachen Blicke aus dem Fenster des »Fremdenzimmers im ›Wappen von Wismar‹« (17, 33) zeigen den ungeschützten Raum: in der Realität des Hafens, der für sie nicht der Hafen der Rettung sein wird (18), und – in annähernder Spiegelung und geschickter Verweisung – im Gespräch eines Geistlichen mit »dem Fischer des einzigen Kutters, auf dem sich Leben regte« (33). Mag Judith als Person zu holzschnittartig angelegt sein, das leitmotivische Ordnungsgefüge von Dingsymbolen und Farben ist Andersch auch bei Judith vortrefflich gelungen. Ähnlich Gregor, dessen Beziehung zu Judith sich über die Rettung hinaus persönlich komplizieren wird, geben auch bei Judith die Wahrnehmungen der »Türme« (19 f., 66) Anstoß zu einer produktiven Entwicklung, deren realistische erste Probe die erpresserische Lüsternheit des Wirts ist (sein »falscher Vaterblick«, 36). Sein »weißes« Gesicht malt in Verbindung mit den »roten« Türmen und der späteren »schwarzen« Nacht im Hafen farbsymbolisch die programmatische Drohung (der Hakenkreuzfahne) aus. Judiths noch oft bemühtes erinnerndes »Ach Mama« (31) beschreibt die Konfrontation von behüteter Vergangenheit und gefahrvoller Gegenwart, deren Differenz sie zunehmend gewärtig wird.

3.2.2 Zweiter Teil (Kapitel 20-34)

Allein die formale Betrachtung darüber, wie die Personen in den einzelnen Kapiteln verteilt und konzentriert werden, erhellt inhaltliche Zusammenhänge. Im 20. Kapitel werden erstmals drei Personen im Dialog zusammengeführt und in der Kombination von Helander, Knudsen und Gregor die Rettungsaktion vorgezeichnet. Die Dreierkonstellation dominiert in wechselnden Figurenbezügen quantitativ den zweiten Teil (4 x). Gregor ist in diesen Kapiteln als einziger durchgängig präsent, wie ebenso in den quantitativ nachfolgenden mit zwei Figurenzusammenfügungen. Hier sind ihm Judith bzw. Knudsen zur Seite gestellt, die ihrerseits jeweils in vier Kapiteln des zweiten Teils auftauchen. Beides unterstreicht die Wichtigkeit beider für Gregor als Hilfe bei der Rettung einer zu Rettenden. Diesen Zusammenhang versteckt Andersch zudem in der Umkehrung der figuralen Abfolge des Schlusses des zweiten Teils (Kap. 34) – »Knudsen, Gregor, Judith« – gegenüber der erstmaligen potentiellen Integration Judiths, deren isolierte Situation jedoch noch vorherrscht, ziemlich zu Beginn dieses Teils – »Judith, Gregor, Knudsen« (Kap. 22). Die zunehmende Begegnungsdichte der miteinander kommunizierenden und agierenden Personen zeigt sich in der Zahl der Kapitel, die mit nur (noch) einer Person überschrieben sind (2 x), sie künden von Judiths Opfer- (Kap. 24) und Helanders Sonderrolle (Kap. 28), die jedoch auch »der Junge« zu beanspruchen hat, der häufiger (8 x) als Gregor herausgehoben wird.

Es ließe sich erörtern, inwieweit das 20. Kapitel den Abschluß des ersten oder den Beginn des zweiten Teils bildet. Wiewohl es die direkte Fortführung des 18. Kapitels ist, überwiegt die neue Qualität der szenischen Kapitelüberschrift und damit verbunden die zunehmende dramatische Pointierung der Handlung. Sie wird erreicht durch die Bündelung der Probleme der wichtigsten handelnden Personen im Rahmen ihrer Integration an einem Ort, der gleichzeitig noch der Ort des »Lesenden Klosterschülers« ist, dessen über diesen Ort hinausweisende Bedeutung allen Beteiligten entscheidende Impulse verleiht und Bewährungsproben abverlangt. Die expositorische Auflistung des äußeren und inneren Problemgefüges (Preisgabe der Identität von Knudsen und Gregor, Helanders krankheitsbedingter Zeitdruck und seine erfahrene Gottesferne, die Kirche als Ort der Partei oder des Menschen) erfährt ihre handlungsrelevante Zuspitzung durch Gregors nochmalige innere Annahme der Figur (»Eigentlich sind wir zu viert, dachte Gregor«, 54), die seine offensive Dominanz in der Diskussion stabilisiert. Sie verschafft ihm die offene Anerkennung Helanders, die sich im folgenden wiederholt, und die eher verkniffene Akzeptanz Knudsens (54). Erstmals kommt an dieser Stelle die Farbe »grau« ins Spiel und erweitert Anderschs Verfahren farbsymbolischer Leitmotivik. »Grau« bindet sich sowohl an Gregors »Unauffälligkeit« als auch an seine durchblickende Stärke der Einsamkeit. A. Bühlmann hat die prinzipielle Relevanz von »grau« bei Andersch erarbeitet. Im Verlauf der Handlung wird Gregor von allen Figuren (z. B. Judith, 71, 102, Knudsen, 84, Helander, 150) mit der Farbe grau in Verbindung gebracht (vgl. Schütz 1980 a, S. 54).

Die wiederaufgenommene Verhandlung zwischen Helander und Knudsen um den Transport der Figur verfolgt Gregor zunächst schweigend, um dann um so gewichtiger die Handlung zu forcieren. Knudsens wegwerfender Reduktionismus – »Das Ding da?« (56) – markiert nochmals die Differenz zwischen Gregor und Knudsen, die zudem unmittelbar parteihierarchisch ergänzt wird (Parteibefehl). Sein Verweis auf die defizitäre Vergangenheit der Partei überschattet seine Gegenwart noch immer mit unproduktiver Lähmung.

Zuvor befindet sich Gregor in intensiver Kommunikation mit dem »Klosterschüler«, dessen »Gefahr« für die »Anderen« er erkennt, dessen »Gelassenheit« sich auf ihn überträgt, der bei ihm ein zupackendes, nur kurz konjunktivisch gebremstes »Komm mit, du mußt eine Seereise machen« hervorruft. Gregors direkte Umsetzung seiner Idee in das Handlungsgeschehen als Parteibefehl an Knudsen, die Figur nach Schweden zu bringen, nutzt den Spielraum seiner professionellen Beziehung zu Knudsen durchaus im Rahmen der eigenen Ambivalenzen gegenüber der Partei. Gleichzeitig verweist sie auf die für Gregor neue Verbindung von ästhetischer Anschauung und Aktivität, die Knudsen aus Unverständnis und eigener Verletztheit als Eigeninteresse Gregors denunziert (57). Gregors mehrfach wiederholtes »Genosse Knudsen« zeigt seine (taktische) Entschlossenheit, die er mehr schweigend handelnd als sprechend auch gegenüber Helander praktiziert. Diese »seltsame Sicherheit« des fremden Menschen entgeht Helander ebensowenig wie das »kleine [...] Drama aus Angst, aus Depression, aus Zersetzung« (ebd.) zwischen Gregor und Knudsen. Gregors dialektischer Salto über die Taktik am Schluß des Kapitels jedoch bleibt Helander unverständlich, nicht jedoch dessen brüderlich den »Klosterschüler« schützende Geste. Es gehört nicht zuletzt zur Qualität literarischer Texte, ein kunstfertiges Zusammenspiel von epischer Integration des konkreten Details und seiner gleichzeitigen Überhöhung zu demonstrieren, wie es Andersch anläßlich Helanders praktiziert, dessen kenntnisreiche Spiegelung der Zusammenhänge gleichzeitig wichtige Differenzen heraustreibt.

Im folgenden knüpft Gregor das »Netz von Beziehungen« (67) enger, formal verdeutlicht im zehnfachen Perspektivenwechsel eines Kapitels. Judith, die erstmals in einer kollektiv angelegten Kapitelüberschrift auftaucht, wird als »Jüdin«, als »junge Fremde« in ihrer Einsamkeit von Gregors geschultem Blick aufgefangen, der gleichzeitig die Andersartigkeit ihres Gesichts zu den Gesichtern jüdischer Genossinnen und Genossen und ihre Schönheit wahrnimmt, die auf ihren sozialen Status und seine ästhetische Vereinnahmung verweist (59). In der Schnelligkeit der situativen Klärung ist sie ihm die »Nummer drei, die fliehen will«. Gleichzeitig markiert er den Unterschied: »Ich kann wählen [...] sie sind Ausgestoßene« (61) und sieht sich gerade in der Konfrontation zum »belebten Platz«, zur schweigenden Menge derer, die »nicht auf die Idee« kamen, »fortgehen zu wollen« (61), und ihrer gefährlichen »mißgünstigen Verwunderung« (S. 62) auf dem weiteren Weg zur verantwortungsvollen Freiheit. Sie fügt sich ihm im farbsymbolischen Mosaik »der roten Türme«, des »goldene[n] Schild[es]«, des »jungen Mannes, der las« und »dieses junge[n] Mädchen[s]« (61) zu einer ästhetischen Komposition, die die noch in der Kirche erfahrene »Leere« und »Einsamkeit« (40) aufhebt im Bild des gefüllten Tages (65). Die Partei zu »vergessen« und »frei« zu sein, diese Erfahrungen entsprechen einander. Sie folgen der ästhetischen Verdichtung, die im traditionellen Symbol des Vogels, hier des »grauen Vogels«, der das Mädchen umkreist (ebd.), kaum vordergründig die grenzenlose Freiheit meint, als vielmehr die Freiheit als »Augenblick der Entscheidung« (vgl. *Kirschen der Freiheit*), die Partei zu ergreifen fordert, allerdings ohne weiterhin von der Partei ergriffen zu sein. Das Mädchen, der »Klosterschüler« und »ob Knudsen wartete oder ausfuhr« werden zusammengedacht, »den Schlüssel in der Faust« (ebd.), der Türen öffnet und Wege freimacht – notfalls gewaltsam.

Die Bewegung der Personen aufeinander zu, ihre zunehmende Verschränkung macht Andersch im Anschluß an Gregors Erfahrung jenes Augenblicks der Freiheit im zweifachen Perspektivenwechsel zwischen Gregor und Judith deutlich, der sich erst- und einmalig absatzlos vollzieht (65, 67). Verzweiflung und Romantisierung der Flucht gehen bei Judith noch Hand in Hand. Die Hoffnung, es tauchten »Kavaliere mit intakten Ehrbegriffen« auf, bereit, »den Schutz einer Dame zu übernehmen«, wechselt mit der hoffnungslosen Einsicht, daß man den »Lederjacken« »Geld anbieten mußte«. Daß sie die Vorstellung »eleganter blaugekleideter Seeoffiziere« (62) als »Bild« selbst zerstört, weist ihr den weiteren Weg, das »Gesicht der Hilfe« (110) zu erkennen. Zuvor jedoch nimmt sie in der schwarzen Nacht am Hafen als einziges, das »nicht blutigrot, kalkweiß oder schattenschwarz« war, nur »die blaue Fahne mit dem gelben Kreuz« des Schwedendampfers wahr (66). Die dennoch dominierende Mutlosigkeit spiegelt nochmals ihre behütete soziale Herkunft. Judiths zunehmende Ahnungen von persönlicher Erpreßbarkeit und tödlicher Bedrohung variieren das bereits bei Knudsen (61) und bei Gregor (63) antizipierte Motiv des vergeblichen, mißlingenden Versuchs der Flucht mit dem »Schweden«. Judiths Weg »auf das weiße Haus« des Wirts zu, d. h. hier auch zu den schwedischen Matrosen (67), konzentriert bei Gregor angesichts ihres Risikos das Bewußtsein einer »Aufregung«, mit der er sich als Mann und Helfer an ihrer Seite sieht. Doch die »Erregung«, das »Feuer«, »hing [...] mit dem jungen Mann zusammen, der las, mit dem Genossen Klosterschüler, wie er ihn bereits bei sich nannte« (67). Ansätze einer potentiellen Liebesgeschichte zwischen Gregor und Judith werden auf diese Weise vorausweisend klein gehalten (vgl. Kap. 30 und 32). In der gekonnten Verschränkung von erfahrener Freiheit, die sich an den »Klosterschüler«, der zum »Genossen« wird, bindet, und dem vergleichbaren Gefühl der Entdeckung der Partei und Revolution wird noch einmal die fragile Ambivalenz von Freiheit und Partei variiert. Ebenso kunstvoll vermag Andersch das widerspruchsvolle Zusammenspiel von gelerntem professionellem Zugriff Gregors, seiner privaten Attacken und ihrer Kontrolle anzudeuten und sie handlungsrelevant und spannungsfördernd einzubinden, indem er sie in Abhängigkeit bringt vom »Genossen Knudsen«, der eigentlich Gregors Komplize und Weggenosse sein müßte, der sich statt dessen aber aufreibt zwischen (Selbst-)Haß, Erpressung, Fürsorge und Liebe bis hin zur »Idee« des »Verrats« (134). Das gegenseitige distanzierte Belauern am Hafen (60, 61, 63) mündet bei Gregor in der Einsicht »Aber nur einer konnte das Netz auswerfen: Knudsen« (67), bei Knudsen in der hinhaltenden Antwort auf die Frage des »Jungen«, ob er die Leinen losmachen solle (69). Im temporären Spannungskontext der Geschichte kann sie als Moment innerer Entscheidung oder Zeitgewinn gelesen werden.

Der »Junge«, der durch das ungewohnte Verhalten Knudsens (»Was hat der Fischer nur«, 70) langsam in die Geschichte hineingezogen wird, gibt in komplementärer Perspektive den nochmaligen (dritten) Hinweis auf die Unmöglichkeit, mit dem »Schweden« fliehen zu können, bevor Judith den eigenen Versuch der Rettung unternimmt (Kap. 24). Durch ihre frühzeitig plazierte Wahrnehmung des jungen Mannes »in einem grauen Anzug« (71) stellt Andersch sie unter den Schutz des beobachtenden Gregor, dessen Realisierung jedoch nur für den Leser angedeutet ist. Anderschs variantenreiches Spiel mit der Spannung setzt Judith allein der erpresserischen Wirklichkeit des Wirts und dem, mehrfach relativierten, potentiellen Rettungsversuch durch die schwedischen Matrosen aus.

Kritische Bemerkungen gegen Andersch, er habe mit Judith eine »Jüdin aus Papier« geschaffen, sind nur berechtigt als Vorwurf stereotyper Vordergründigkeit ihrer Opferrolle im Vergleich zum eher parabolischen Stellenwert der anderen Figuren. Die später von Gregor noch intensiv ausgelebte Wahrnehmung von Judith als bourgeoisem Geschöpf wird bereits durch ihre ästhetische Anziehungskraft für ihn relativiert. Stereotyp angelegt, wächst jedoch auch sie an der durch die Realität abgeforderten Dynamik. Schwankend zwischen echter Naivität und mißlungenen »frechen« Koketterien gegenüber den Paßforderungen des Wirts, vermag sie zunächst nur in Abgrenzung gegen die sichere Weltläufigkeit der »Mama« ihre Ohnmacht zu artikulieren, die ihre romantischen Vorstellungen der Rettung weiter destruiert, ohne sie aufzuheben. Gleichzeitig verfeinert sich ihr Vermögen, politische Zeichen wahrzunehmen und in Bezug zur eigenen Situation zu setzen. Die ignorante Haltung der Schweden gegenüber dem Hitlerbild sieht sie für sich als chancenmindernd an.

Politisch und persönlich ausgeliefert, ermöglicht ihr ihre kulturelle Sozialisation eine kurzfristige Faszination durch ein Lied Zarah Leanders, dessen propagandistische Ablenkung vom brutalen Alltag sie nicht durchschaut. Erst das eifersüchtige Augenspiel des Wirts, der wütend die Rolle des Hausherrn ins Spiel bringt, und Gregors rettender Eingriff zwingen sie wieder in die Realität. Ihre begriffliche Fassung folgt den Vorgaben des Wirts, die sie in der situativen Konfrontation von »gestern noch mit Mama in unserer Hamburger Villa [...] heute schon die Sprache einer Dirne« (78) letztlich noch negativ romantisiert. Die für alle Beteiligten mißglückten Vorhaben auf dem schwedischen Schiff bringen Judith die Erkenntnis, in Rerik »zu schnell« erwachsen werden zu müssen. Den »zu rasche[n] Sprung« versucht sie nochmals mit der Haltung »eine[r] junge[n] Dame aus einer Hamburger Villa« (80) zu parieren, bevor sie mit weinendem Lachen, aufgelöst und außer sich, das Schiff verläßt, um – nach Hindernissen – im »grauen jungen Mann« das »Gesicht der Rettung« zu entdecken.

Dieser sichert nach der den Männerstreit verhindernden Intervention im »Wappen von Wismar« zunächst weiteres Terrain für Judith ab (Kap. 26). Ihre Integration in sein Vorhaben ist beschlossene Sache. In mehrfacher Umspielung des »Aktions«-Begriffs (als Aktion »Lesender Klosterschüler«, Aktion »jüdisches Mädchen«, »neue Aktion«, »in meiner Aktion«, »eiskalte Aktion«, 84) reflektiert Gregor sein neues Selbstverständnis und Gefühl. Diesem Gefühl kann er in Abgrenzung gegen die Partei (als »Kloster«, das keine Individualität zuläßt) sogar »Romantik« zusprechen, da es ihn Judith als »ziemlich schönes Mädchen mit langen schwarzen Haaren« wahrnehmen läßt (ebd.). Erst im Laufe der »Aktion« komplettiert sie sich wieder für ihn durch ihr »verwöhntes Gesicht« (102), das die Versuchung komplizieren wird. Der gefahrenvollen Romantik begegnet er hier durch die Definition als »eiskalter Romantiker«, als »Aktionsspieler«, dessen figurengefülltes »Schachbrett« einem ästhetischen (farbsymbolischen) Szenarium gleicht, dem Aktivität erwächst.

Der Blickkontakt vor dem »Wappen von Wismar« zwischen Gregor und Knudsen schafft das Faktum der anlaufenden »Aktion«. In erlebter Rede formuliert Knudsen nochmals den engen und qualvollen Konnex von Partei und Leben (85, vgl. 88). Als erfahrenes Parteimitglied ahnt und weiß Gregor um Knudsens Konflikte, die er durch sein Vorhaben im doppelten Sinne zusätzlich verschärft. »Geraden Wegs« hält er auf ihn zu und gebraucht gezielt (»Schachbrett«) die zugleich parteihierarchisierende und egalisierende Anrede »Genosse«. Als verbindendes Reizwort setzt es binnen kurzem dialogisch und monologisch die Differenzen frei. Für Knudsen ist es kaum widersprüchlich, in heftiger verbaler Ablehnung der Partei die »Aktion«, indirekt, als solche der Partei zu betrachten. Es umschreibt als die zwei Seiten einer Medaille sein schwieriges Verhältnis, dessen internalisierte Rigidität auch die Gefährdung des »Jungen« mit den höheren Zielen legitimiert (88). Zu Recht sieht sich Gregor als Pendant verstrickt in das leidenschaftliche, unkontrollierte Konglomerat verschiedener Gefühlsaufwallungen Knudsens. Er weiß, daß die einmal eingeholte Fahne nie wieder flattern wird wie zuvor. Konsequent verfolgt er die gedankliche Frage nach einer Welt gänzlich ohne Fahnen, deren entscheidende Antwort er auf später verschiebt, um für den Augenblick in Erinnerung an den »Genossen Klosterschüler« die eigene Freiheit zu behaupten. Er umschreibt sie in Abgrenzung gegen Knudsens Resignation, Stillstand und Schweigen als zukunftsgerichtete Aktivität, die seine Flucht zu einer Flucht »in die Welt« macht und nicht, wie allzu häufig falsch und in ebensolcher Emphase betont, als »eine Flucht aus der Welt« (Über Alfred Andersch, S. 31). Der Schluß des 26. Kapitels faßt nochmals – auffälligerweise in der Perspektive Knudsens (?) – farbsymbolisch das »Schwarz« des Hafens und das »Rot« der Türme zu kurzfristiger blutiger Monströsität zusammen. Daß sie »in der Kürze eines Lidschlags [...] erlöschen«, verweist ebenso auf die angelaufene Rettungsaktion wie das fehlende »Weiß«, dessen bisher die Bedrohung komplettierender Anteil überwunden ist (92).

Parallel zur zunehmenden Integration des »Jungen« in die Haupthandlung vollzieht sich bei ihm die weitere Entfaltung der bisher erfahrenen Differenzen zwischen der Realität und seinen Abenteuerbüchern (Kap. 25). »Graues Licht«, der von Andersch zunächst in Aussicht genommene Titel, dringt durch das scheibenlose Fenster, durch das der »Junge« Minuten später auf Rerik blickt und dabei zum dritten Grund »Sansibar« findet. Zuvor pointiert er das »Gefühl des Mißtrauens« gegen seine Bücher zum strikten Votum, sie »sind prima, aber sie stimmen nicht mehr« (81 f.). Ähnlich Gregor (»grau«) wird er durch einen der Wirklichkeit abgeforderten Entschluß über seine Situation hinauswachsen. Der Realitätsgehalt der Bücher scheitert an der Wirklichkeit der »Papiere«, die man brauchte, um abzuhauen. Die Erkenntnis, daß man sehr »schnell wieder eingefangen« wäre, zeigt auch seine ersten Blicke auf die gesellschaftlichen und politischen Realitäten. Die hervorgeholte Landkarte ersetzt bereits symbolisch in ihrer geographischen Sachlichkeit den romantischen Eskapismus seiner Bücher. Er verläßt das Versteck in der alten Gerberei als Ort nur scheinbarer Freiheit. Der Blick durchs Fenster läßt ihm »Sansibar oder den letzten Grund« einfallen. Die exotische Verklärung der Insel, für ihn noch Endpunkt aller Freiheitssehnsüchte, bedeutet einen Zwischenschritt, der in seinem geographischen Realitätsbezug, in der anvisierten Landung »hinter der offenen See« den Zielpunkt aktiv im Blick hat. Im Vergleich zu den noch negativ orientieren zwei Gründen, Rerik zu verlassen, bedeutet der »dritte Grund« den Weg zur wirklichen, zur aktiven Freiheit, beginnend mit dem Auftrag, »einen Passagier, der nicht gesehen werden darf«, an Bord zu holen (93).

Dies bringt für ihn Traum und Realität noch einmal auf der Bewußtseinsstufe des Abenteuers zur Deckung. Die Bücher werden kurzfristig rehabilitiert (Kap. 29). Die eigene Chance, wegzukommen, hat Vorrang, die Gründe verblassen bzw. bekommen eine neue Kontur. Nicht mehr die Langeweile und die Probleme um den Vater dominieren, sondern ein neues Interesse erwächst aus der Praxis (Kap. 31).

Helanders Praxis hingegen findet zunächst nur in seinem Kopfe statt, um dann um so gewichtiger praktische mörderische Zeichen zu setzen. Nachdem er die »Aktion Lesender Klosterschüler« angestoßen hatte, quält ihn die Frage seines weiteren Verhaltens. Die »Stille im Pfarrhaus« ist ihm »ein Abbild [...] der Stille in der ganzen Stadt« (95, 97), gesteigert zur Einsamkeit in einer Welt als schalltotem Raum. Sie spiegelt sich in der singulären Monologstruktur dieses 28. Kapitels. Der morgige Verlust der »letzten Menschen [...] Gregor, Knudsen und mein kleiner Mönch« (96) umschreibt auch die »unermeßlich[e]« »Schande der Kirche«, den Opportunismus und die Kollaboration der »Amtsbrüder« mit den »Anderen« und mündet in der Idee des »deus absconditus« (99), der ihm die »Zeichen« auf der Kirchenwand verweigert. Ihrer ist er bedürftig, denn die Diagnose seines Arztes, sich sofort stationär behandeln lassen zu müssen, erscheint ihm nur kurzfristig als »Erleichterung« (95), die ihm das Martyrium des KZ ersparen und gar die Einsamkeit aufheben könnte (96). »Angst und Mut« (99) halten sich in den Vorstellungen von Krankenbett und KZ-Folter die Waage, lähmen qualvoll seine Aktivität, symbolisiert im ruhenden Telefonhörer, mit dem er das Taxi zur Klinik ordern kann – und es unterläßt. Denn eingedenk der »Lehre des großen Kirchenmannes aus der Schweiz, der Helander anhing« (97), erinnert er sich an die »Aufrechtesten« seiner Amtsbrüder als Anhänger dieser Lehre, die das »Reich der Anderen ohne jeden Kompromiß zum Reich des Bösen erklärten«, erinnert er »das Bild des jungen Lesers, des Gottesschülers« (zuvor nennt er ihn nur den »kleinen Schüler«, 97), den sie holen wollen (»nicht das Christusbild«) (98). Die Trostlosigkeit dieser »harte[n] Lehre«, der die Gewißheit der Gnade fehlt, fordert »einen absurden Tod« (98). »Statt nach dem Telefonhörer zu greifen«, ahnt er die »grauen Gedanken« (99) religiöser Bewährung, die er in einer spektakulären Inszenierung im Sinne und in Abwandlung der Lehre Karl Barths im Angesicht der SS-Schergen realisieren wird. Andersch läßt auch bei Helander Zweifel und Glauben, existentielle Einsamkeit (»absurd«) und neue (religiöse) Freiheit im Zeichen der Farbe »grau« (vgl. auch 119) zusammenlaufen.

Parallel zu Helanders qualvoll einsamen Reflexionen – Gregor sieht sein erleuchtetes Fenster, ohne hineinsehen zu können (106) – findet die erste Begegnung zwischen Gregor und Judith statt. Symbolisch eingeholt ist sie in der Wiederholung der Farben »rot« und »schwarz«, die das Kapitel beschließen, in dem Knudsens Teilnahme an der Rettungsaktion gesichert zu sein scheint (S. 92). Vor der Zusammenführung aller beteiligten Personen (Ausnahme Helander), der eigentlichen Bewährungsprobe unmittelbar vor der Überfahrt nach Schweden, die nochmals zu entscheidenden Konfrontationen führen wird, hat Andersch im Spiel der Farben und Symbole die Personen einander nähergebracht.

Judith erkennt in Gregor den »graue[n] junge[n] Mann« des Vorabends wieder. Ihre vorangegangene Furcht (sie hielt ihn zunächst »für einen von den Anderen«) provoziert Gregors antibourgeoise Haltung. Sie konkretisiert sich in der Abneigung gegen »ihr verwöhntes Gesicht« und ihre Hilflosigkeit (102 f.). Seine Reflexionen über seine, ironisch konstatierte, Rolle als »junger Mann« und Verführer, garniert mit solchen über weibliche Wahrnehmungen von körperlicher Liebe und Schutz, hat er zunächst in der Sentenz des »kalten Romantikers« münden lassen: »Illegalität und Liebe schließen sich aus« (113). Erst die Erinnerung an Franziska, das Opfer der Säuberungen, vielleicht weil sie liebte, treibt nicht zuletzt in der Verschiedenartigkeit dieser »junge[n] Frau voll strahlender Intelligenz«, die er nicht retten konnte, und des »junge[n] bourgeoise[n] Ding[s]«, das ihm der Zufall zur Rettung bot, den Widerspruch zwischen Verführung und »kalter Aktion« auf die Spitze, dessen kontrollierte Bewältigung sich ihm entzieht und erst durch Helander, den eigentlichen Auftraggeber der »Aktion«, reguliert wird.

Judith gewinnt durch Gregors zum Teil höhnische, zum Teil ironische Pointierungen und Attacken Klarheit über ihre Vergangenheit und über sich selbst. Ihr reaktives »das hat mir noch niemand gesagt« (103) heißt auch, noch nicht darüber nachgedacht zu haben. Ihr groß- und bildungsbürgerliches Ambiente relativiert sich, denn es bietet ihr keinen Schutz gegen die »Anderen«. Sie erkennt das »Gesicht der Hilfe« als »unauffällig [...] und in jedem Fall in irgendwelche Arbeit vertieft«; dies beschreibt das Gegenbild ihrer bourgeoisen Herkunft und verweist auf ihre Annäherung an Gregor, dessen Augen sie sich später, in der Dunkelheit der Überfahrt, als »grau« vorstellt (126). Auch ihr schwieriges Unterwegssein bindet sich als ambivalentes Zwischenstadium an die Wahrnehmung des »Klosterschülers«. Erziehung und Erfahrung haben sie nur gelehrt, den Namen des Bildhauers zu kennen und den materiellen Wert der Plastik zu taxieren. In spöttischer Härte muß Gregor seine Beziehung zum »Klosterschüler« und dessen Wichtigkeit dagegensetzen. Subtil jedoch verweist der Erzähler in einer Situation, in der Judith ihren müden Kopf an den Steinsockel lehnt, »auf dem der Schüler saß und las«, auf ihre »weibliche Energie« (107). Diese Energie, die den Selbstmord ablehnt, beflügelt auch Helander zu seiner Entscheidung, die ihn zu einem der »Aufrechtesten« werden läßt, was wiederum symbolisiert wird in der Farbe »grau«, die in Helanders Wahrnehmung die Kirche beherrscht, nachdem Gregor und Judith sie verlassen haben gemeinsam mit dem »Lesenden Klosterschüler«, der die Personen in Aktion und Reflexion einander näherbringt.

Dieser gewichtige Schritt zur Rettung des »Klosterschülers« hat die Einsamkeit Helanders endgültig festgeschrieben. In direkter Konfrontation mit den Schergen der SS wird er um sein Leben kämpfen, indem er den Tod wählt. Alle anderen Personen werden im weiteren Verlauf der Aktion erst- und einmalig zusammengeführt. Die komplexe Erfahrungsdichte unmittelbar von der Überfahrt nach Schweden, während derselben und dortselbst, läßt sie denkend, sprechend, diskutierend, streitend und kämpfend je individuell ausgewiesene Erkenntnisse sammeln, die Ahnungen eines anderen Lebens konstituieren, dessen partielle Beglaubigung sie bereits geleistet haben. Die gefahrvolle und glückliche Überfahrt im Beiboot über das Haff, vorbei am Kontrollboot zur Lotseninsel, wo Knudsen sie erwartet, integriert den »Jungen« schließlich in das äußere und innere Handlungsgeschehen (ab 123). Der beschwerliche Fußweg zum »Jungen« bringt Judith und Gregor Möglichkeiten der Reflexion mit unterschiedlichen Akzentuierungen, die Judith an den jungen Mann binden. Seine unsichere, sie aus komplexen Motiven ablehnende Haltung nimmt sie ebenso wahr wie die erwachsene Funktion des »Jungen« im Boot.

Gregors taktischer Bewältigungsversuch hat kaum Bestand. Judiths konfrontative Nähe im Ruderboot verführt ihn zu politischen und persönlichen Bekenntnissen, die seinen revolutionär drapierten Männlichkeitskodex, der die Frau nur als Verführung und Ablenkung denken konnte, in Frage stellen. In der Einsicht, »man kann alles richtig machen und dabei das Wichtigste versäumen« (127), wird nochmals das ambivalente und dialektische Gefüge von revolutionärem Selbstverständnis, fehlendem Glauben und Ahnungen von individuellem Glück umspielt. Judiths schlichte Feststellung »Sie retten mich doch« trifft kaum Gregors aktuelle Problematik und pointiert dennoch exakt, worauf es ankommt. Gregors Wahrnehmung des »unsicheren Gesichts« jenseits aller Verwöhntheit (132) am Schluß der Fahrt beglaubigt ihren erwachsen gewordenen Blick auf das wirkliche Leben.

Die wundersame Bewältigung der Überfahrt zur Lotseninsel – kurz vor der Entdeckung durch den Suchscheinwerfer des Polizeibootes erlischt dieser plötzlich, um nach einer Minute jenseits des Bootes wieder aufzuleuchten – hat Andersch mitunter ein wenig Kopfschütteln eingebracht. Folgt man jedoch dem existentiell inspirierten Moralismus, der Idee, jenseits irgendwelcher Systemzwänge autonomes Handeln zu behaupten, gewinnt der »Zufall« als Antimodell gegen Determinismus seinen Sinn und läßt sich psychologisch und (anti-)ideologisch als Gegenstand reflektierender Betrachtungen Gregors textimmanent integrieren, derart, daß auch die Bedeutung des »Genossen Klosterschüler« im Zustand akuter Gefahr als wirklich »politischer Teil« nochmals betont werden kann (131).

Möglicherweise in zeitlicher Parallele zu Gregors Überlegungen, Knudsen notfalls mit Gewalt zu veranlassen, Judith mit nach Schweden zu nehmen, sinnt dieser nach Auswegen, sich der persönlichen Gefährdung zu entziehen. Die Idee, den »Götzen«, das »Ding« (134) einfach über Bord zu werfen, muß er mit sophistischen und widersprüchlichen Argumenten (135, 138) vor dem Eingeständnis des »Verrats« schützen, die ebenso seinen späteren Sinneswandel vorbereiten wie die gedankliche Verwandlung des »Götzen« zur »Figur« (135). Die Konfrontation mit Judith durchkreuzt zunächst sein Vorhaben, so daß im gereizten Disput mit Gregor nochmals seine ambivalente Mixtur von (Selbst-)Haß, Parteibindung und Parteiverlassenheit sich konzentriert zum scheinbar unlösbaren Widerspruch zwischen Existenzsicherung und humanem Verhalten, für den er Gregor, den »Deserteur«, mit seiner »privaten Sache« verantwortlich macht.

Gregors pragmatische Forcierung der Rettungsaktion enthält auch die körperliche, kämpferische Entladung und Entlastung zunächst unsicherer Reaktionen auf die cholerischen Attacken Knudsens, die sowohl den desertierenden Parteifunktionär als auch den (verliebten) Menschen treffen. Denn die Entscheidung, selbst nicht mitzufahren, entlarvt er für sich als Lüge. Die Bereitschaft des »Jungen«, das Schiff allein zu führen, kommentiert er innerlich mit »Aus der Traum« (140). Sie ist gleichzeitig Ergebnis einer erhitzten und komplizierten Interaktion und einer grundsätzlichen Überlegung, die im Angesicht des »Klosterschülers« das Alleinsein des Lesens, Aufstehens und Fortgehens »wie dieser Bursche aus Holz« (137) als distanzierte Überlegenheit selbstverantworteten Agierens in der Welt interpretiert.

Knudsens Sinneswandel, Judith und auch Gregor mitnehmen zu wollen, folgt dem Beispiel der offensichtlich nicht egoistischen (moralischen) Rettungsaktivitäten Gregors und der Einsicht, nur so dem Konflikt zwischen dem »toten Fisch«, der er nicht sein will, und der Parteiverlassenheit entgehen zu können, dargestellt in der doppelten Perspektivierung dieses Vorgangs durch die beiden Betroffenen.

Knudsen kann den Haß auf Gregor nur unterlaufen, indem er dessen Schritt vom gedachten zum getanen Verrat (an der Partei) partiell nachvollzieht und mitträgt. Knudsens »Sansibar«, seine Freiheit besteht – nach getaner »Aktion« – in der Rückkehr (zur Unfreiheit), und das meint zur Fürsorge und Liebe zu Bertha, die für ihn nicht disponibel ist, wie möglicherweise mittlerweile die Partei, wenngleich er sich mit der Rückkehr auch die Hoffnung auf ihre Wiederkehr erhält, ob aus freier Entscheidung oder Verstrickung, sei dahingestellt.

3.2.3 Dritter Teil (Kapitel 34 Ende - 37)

Gregors höhnische Ablehnung zeigt auch seine Erregung, deren Verdichtung zur Klarheit und Nüchternheit sich erst, nachdem er alle auf den Weg der Rettung gebracht hat, im Bild einer Landschaft vollzieht: Schwindender Nebel, etwas Graues und »gleichmäßige, nüchterne Helligkeit« begleiten sein Wissen, »welchen Weg er zu gehen hatte« (142 f.), als metaphorische Umsetzung einer neuen Haltung. Die weitere ästhetische Komposition nimmt relativierend Wahrnehmungen seines Eingangsmonologs wieder auf (z. B. Vögel, Türme, schwarz makadamisierte Straße/scharlachroter Streifen), kulminierend in der ästhetisch-ethischen Synthese: »Das graue Morgenlicht erfüllte die Welt, das nüchterne, farblose Morgenlicht zeigte die Gegenstände ohne Schatten und Farben, es zeigte sie beinahe so, wie sie wirklich waren, rein und zur Prüfung bereit. Alles muß neu geprüft werden, überlegte Gregor.« (144) Der weitgehend dementierte Nominalismus des Anfangs forciert nochmals die Dialektik von Ästhetik und Aktivität, zumal in der Kombination mit der zuvor bewußten metaphorischen Umspielung des Titelmotivs: »Er fand eine Stelle, an der er bis zum jenseitigen Ufer den Grund erkennen konnte« (143). »Sansibar« wird hier als Modell der Befreiung zur inneren Freiheit (als Verantwortung für den anderen) behauptet. Das (»eisige«) Wasser kündet vom Preis der Einsamkeit für die Freiheit der Verantwortung, zumindest in Zeiten wie diesen. Es verweist abermals auf Gregors harmonisierende Spiegelung im Bild des »Klosterschülers«. Das fünffach wiederholte »allein« (137) gewinnt in der Perspektive Helanders eine nochmalige positive Wertung gegen das Mißverstehen als antigesellschaftliche, freie Ungebundenheit.

Für Helander ist Gregor einer der »Boten und Söhne« der heutigen Zeit. Ihr »Ehrgeiz, das Richtige zu tun und nicht aufzufallen« (150), zeigt die widerständige Produktivität. Beim Überdenken der Motivlage Gregors wird nochmals der existentialistisch inspirierte Impuls bemüht; als Gedanke Helanders geäußert, entzieht er sich jedoch der auktorialen Wertung.

Lachend (Helander) und triumphierend (Gregor) wird der Vollzug der Rettungsaktion signalisiert, durch das »Fenster«, das nur kurzfristig die Einsamkeit Helanders aufzuheben vermag (151). Es entspricht der Dialektik seiner theologischen Überlegungen, daß sich mit der Rettung seines »kleinen Gottesschülers« sein Alleinsein zunächst vollendet. Auch Gregor, »Sohn« der Ideen und der Rettung – erinnernd an das biblische Gleichnis vom verlorenen Sohn –, »war weg und würde nie wiederkommen.« (151) Von Einsamkeit, Leere und Trostlosigkeit künden auch Helanders immer »wiederkehrende[n] Träume«. Die Lektüre Freuds liefert ihm keine Erklärung für ihre »Stimmung«. Im Bedeutungskontext »Sansibar« sind sie weniger im Sinne der »Traumdeutung« als Symbole der Triebunterdrükkung, vielmehr als »moralische und metaphysische Wünsche ex negativo« (Wehdeking 1983, S. 85) zu verstehen. Das »Totenreich« von Lille läßt die echolosen Räume wieder erinnern, die zwischen Wasser und Himmel gespannte »Schaukel« in der dunklen norwegischen Fjordlandschaft steigert das Bild eines beklemmenden Traumas. Helander deutet diese »Totenreiche« als seine »stärksten Gottesbeweise«, kündend von einer Welt, »die erlöst werden muß.« (149) Die Barthsche »Theologie der Krisis« – in der Bedeutung und Bewertung schwankend zwischen der Unmöglichkeit christlicher Ethik und der stärksten ethischen Verpflichtung des Christenmenschen – erklärt für Helander die Welt als »Hölle«, als »Raum, in dem Gott nicht war.« (ebd.) Über die Feststellung des »deus absconditus« hinausgehend, verurteilt er seine Abwesenheit als Unbegreiflichkeit, gegen die er angehen muß: »Ich werde töten, um Gott zu züchtigen.« (153) In Erwartung des »Fleisch[es] in Uniformen« erscheint ihm das »Fenster« als die rote Ziegelwand seiner Kirche, die ihn stützt und auf der er die Schrift, die Botschaft dieses Gottes erwartet. Diese symbolische Stütze verweist bereits auf das Ende, auf das Erscheinen der Schrift im Moment des vollzogenen Widerstands. Der veränderten Einstellung, der späten Erkenntnis Helanders – »Wie dumm von mir, dachte der Pfarrer, zu denken, ich schösse, um Gott zu züchtigen. Gott läßt mich schießen, weil er das Leben liebt. [...] wie das Feuer in ihn eindrang, [...] dachte [er] nur, ich bin lebendig« (155 f.) – wird oft mit Unverständnis begegnet. Da ist die Rede von »abstruser Theologie« (Zimmermann 1968, S. 255), pauschal vom »künstlerisch fragwürdigen Kapitel« (Reich-Ranicki 1963, S. 113). Ob und inwieweit Helander, das Andersch-»Wunschbild vom eigenen Vater«, durch die Erfüllung seines Lebens im Tode der dialektischen Theologie Karl Barths gerecht wird, mag theologisch andernorts erörtert werden. Hier sei nur der Hinweis gegeben auf die Interpretation des Römerbriefs durch Karl Barth. Dort heißt es: »Der Tod, den er stirbt, ist Leben.« (Karl Barth, Der Römerbrief [1922]. Zürich 1947, S. 183) In der Sicht Anderschs gewinnt Helander »in jenem winzigen Bruchteil einer Sekunde [...] die Möglichkeit der absoluten Freiheit« (Kirschen der Freiheit, S. 84), weil er selbst das Zeichen setzt, das er gesucht hat. Helander findet (in der Freiheit) zu Gott, weil er zu sich selbst gefunden hat und präsentiert dieser Art die religiöse Variante des Anderschen Menschenbildes.

Dieses zeigt sich besonders deutlich in der Entwicklungsgeschichte des »Jungen«. Andersch integriert verschiedene Dimensionen – den Protest, die Abenteuerlust, die Utopie, das leidenschaftliche Lesen, die Korrektur durch die Praxis, die Bewährung in ihr –, die die Flucht in Unverbindlichkeit und Ungebundenheit modellhaft aufgehen lassen in der freien Annahme menschlicher Verantwortung. Die exemplarische Entscheidung des »Jungen« am Schluß des Romans, zu Knudsen zurückzukehren, faßt die positiven Entwicklungen der Personen nochmals zusammen und pointiert in ihrer unverstellten und unbefangenen Menschlichkeit die perspektivische Kraft und die Notwendigkeit widerständiger Qualitäten – auch die Attraktivität einer »Robinsonade« zu überwinden.

Der Werdegang des »Jungen« vollzieht sich bei aller Spontaneität in kontinuierlichen Etappen, verdeutlicht im Topos »Sansibar«. »Der dritte Grund« ist der erste positive, dennoch ist er verknüpft mit dem Mississippi-Traum. Die Freiheit in Schweden (vgl. auch die Verweise auf Schweden als Gegenmodell zu Rerik) wird sein »Sansibar« – auch als Prüfstein seiner Sehnsucht und Bewährung in der neuen Praxis. Die reflexionslose Schlußpointe (ein später in den Geschichten Anderschs oft wiederholtes Verfahren) realisiert den Romantitel, um ihn gleichzeitig in der Öffnung der Geschichte zu überholen.

Die didaktischen und ästhetischen Implikationen bindet Andersch frühzeitig an den »Lesenden Klosterschüler«. »Er hatte während des letzten Teils der Fahrt unverwandt auf die Figur gestarrt [...] Seine Augen hatten sich die ganze Zeit nicht von dem hölzernen Wesen zu lösen vermocht. [...] Ich werde doch noch Knudsen fragen müssen« (133). Der Weg von Protest und Eskapismus zum sinnvollen Fragen, dem Verantwortung erwächst, ist damit eingeschlagen, wenngleich noch nicht sicher beschritten. Fragen nach der Figur, die man wegschaffen muß, obwohl sie doch »nichts weiter tut als lesen« (133), stellen sich ebenso ein wie das Verständnis, »daß Juden so was Ähnliches waren wie Neger« (145). Die Dialektik von Lesen und Tun läßt ihn jetzt die Bücher anders deuten. Er kann den Neger Jim in *Huckleberry Finn* mit Judith in Beziehung setzen, damit wird ihm klar: »sie war jemand, den man befreien mußte.« (145) Die so gewonnene Nähe zu Judith macht ein Gespräch mit ihr möglich, bei dem er erstmals einem Erwachsenen wieder zuhören kann. Entscheidende Impulse für seine spätere Wandlung werden so durch die erwachsen gewordene Judith gesetzt. Ihre Vorbehalte, seine Flucht verrate Knudsens Auslandsaufenthalt und Fluchtunternehmen, läßt ihn zunächst vermeintlich unbeeindruckt (147). Sein erster Entschluß in Schweden spiegelt noch die Abhängigkeit von anderen. »Erst wenn Knudsen abgefahren ist, dachte er, bin ich wirklich frei.« (158) Seine Entscheidung zur Rückkehr trifft er selbständig, eigenverantwortlich, »im eigenen Auftrag«. Die Selbstverständlichkeit, mit der er »auf das Boot zu« schlendert, mag auch vom Genuß autonomen Handelns künden. Das nur Deskriptive des Schlußsatzes verweigert dem Leser die vordergründige Präsentation der Motive für die Rückkehr des »Jungen«. Zudem setzt Andersch neben Informationen über die Möglichkeit des »Jungen«, in der schwedischen Blockhütte zu überleben, Gefühle der Verlassenheit und Isolation, die Erfahrungen in der alten Gerberei wiederholen.

Die Schlußpointe des »Jungen« erinnert auch an das Motto des Romans. Dylan Thomas' Gedicht »And death shall have no dominion« – entnommen den »Collected poems 1934-1952«, hat es Andersch in der Übersetzung von Erich Fried in »Texte und Zeichen« veröffentlicht (1955, H. 4, S. 468, Reprint) – säkularisiert und radikalisiert das Bibelwort aus dem 6. Kap. des Römerbriefs: »der Tod hat keine Macht mehr über ihn« zur vitalen Lebensbejahung. Es wird bei Andersch darüber hinausgehend zur Demonstration existentialistisch und ästhetisch inspirierten Widerstands.

4 Gedanken und Probleme

4.1 Der »Lesende Klosterschüler«

Programmatisch hat Andersch sein ein Jahr vor seinem Tode erschienenes *Alfred Andersch Lesebuch* (1979) mit der Beschreibung der »Figur des lesenden Klosterschülers« aus *Sansibar* eingeleitet. Sie präludiert alles Folgende, autobiographische Geschichten und Berichte, Aufsätze und »Tiraden«, Reisebilder und Erzählungen, das Gedicht *artikel 3 (3)* und seine Diskussion. Sie ist vorausgeschickter Bote, beständiger Begleiter, mahnender Bezugspunkt seiner Texte. Als Paradigma richtigen Verhaltens setzt der »Klosterschüler« Bewußtseinsprozesse und Verhaltensänderungen nicht nur der Figuren in Gang, sondern bedeutet für Andersch selbst als Kunstwerk die metaphorische Verdichtung der dynamischen, dialektischen Bezüge zwischen Praxis und Ästhetik, die für ihn, in welchen vermeintlich widersprüchlichen Varianten auch immer, eine engagierte, weil politische war. Die Überzeugung von den, wenngleich nicht meßbaren, Veränderungsmöglichkeiten der Kunst hat Andersch in 35 Schaffensjahren nicht verlassen.

Die Beschäftigung mit der Holzfigur Ernst Barlachs (1870-1938), entstanden 1930, die Andersch »besonders liebte«, ist literarischer Höhepunkt seiner Beschäftigung mit Barlach, dessen Plastiken schon von Beginn seiner schriftstellerischen Laufbahn an für ihn eine wichtige Rolle spielten. In der Einleitung der Hörspielfassung von *Sansibar, Aktion ohne Fahnen* (1958), berichtet er von den inneren Zusammenhängen der »Sonderkultur« Barlachs und der Mecklenburgischen Tiefebene und imaginiert derart eine weitere, Freiheit meinende Landschaftsmetapher, wie sie die »wilden Wüstenkirchen« und die Insel Sansibar vorstellen. Gleichzeitig verweist er indirekt auf seine zeitgemäß-unzeitgemäßen introvertierten Spaziergänge im Mecklenburgischen des Spätherbstes 1938 und die geringen Kenntnisse über die NS-Interventionen gegen Barlach und seinen Tod im Oktober 1938. Die spätere Beschäftigung hat einen frühen literarischen Vorläufer in einer seiner ersten Erzählungen, *Fräulein Christine*, noch erschienen in der amerikanischen Ausgabe des »Ruf« (nachzulesen in Wehdeking 1971, S. 201-203).

Geistige Erregung und leidenschaftliche Anregung durch die Barlach-Plastiken »Der Wanderer« und »Der Rächer« überträgt Fräulein Christine auf Werner Rott, Anderschs alter ego als Vorläufer von Franz Kien. Rott ist Schriftsteller, Widerstandskämpfer und Kenner und Verehrer Barlachs. Dessen Kunst ordnet »richtiges« und »falsches« Denken und Fühlen, »gutes« und »böses« Verhalten. Christines Weg vom ästhetischen Erlebnis zur realitätsgerechten politischen Bewußtwerdung wird programmatisch für Anderschs Fundierung politischen (ethischen) Handelns in der Kunst, die für ihn Wahrheit ist.

Neben den sinnbildlich deutlichen Strukturen des »Wanderers (im Wind)« (1934) und des »Rächers« (1914) – Wehdeking beschreibt sie als äußerst dynamisch, entschlossen, affektgeladen, moralisch impulsiv, vorwärtsschreitend und rasend im Dienste höherer Gerechtigkeit (1971, S. 178) – steht der »Lesende Klosterschüler« mit der ästhetisch signalisierten intellektuellen Konzentration, Freiheit und Demut gegenüber dem Wissen; gleichzeitiger Neugierde und kritischer Distanz und gelassener Intensität freien Handelns. Helanders früh plaziertes Wort vom »Gebrauchsgegenstand« (29) zieht richtungsweisend die Linien multiperspektivischer und simultaner Rezeptionen bis hin zum avanciertesten Verständnis Gregors: »Der Genosse Klosterschüler ist ein politischer Fall.« (129) Es ist ausdifferenzierter Höhepunkt einer Aneignung, deren variierende (Be-)deutungen für die Figuren je unterschiedliche, in der Wirkung ähnliche Entwicklungsschritte auszeichnen. (Vgl. Kap. 3.2.)

Ganz im Sinne Anderschs formuliert Brecht in zwei Betrachtungen, im Abstand von 13 Jahren, exemplarisch die Aufgaben von (bildender) Kunst. In den *Reflexionen über die Porträtkunst in der Bildhauerei* (1939) erachtet es Brecht als notwendig, nicht »die Widersprüche in einem Gesicht auszumerzen, sondern sie zu gestalten.« Es soll ein Kopf deutlich werden, »den das Leben geformt hat und der in ständiger Umformung durch das Leben begriffen ist, so daß das Neue mit dem Alten kämpft, etwa der Stolz mit der Demut, das Wissen mit der Unwissenheit, der Mut mit der Feigheit, die Heiterkeit mit der Trauer«, dessen Ergebnis die harmonische Ruhe eines widersprüchlichen Prozesses ist (B. Brecht, Gesammelte Werke, Bd. 18. Frankfurt 1967, S. 277). In den *Notizen zur Barlach-Ausstellung* (1952) sieht Brecht seine Forderungen in den Plastiken Barlachs eingelöst. Über den »Buchleser«, eine Bronze von 1936 (thematisch vorbereitet durch die Lithographie »Wem Zeit wie Ewigkeit« von 1916), schreibt er, ähnlich Gregor: »Ein sitzender Mann, vorgebeugt, in schweren Händen ein Buch haltend. Er liest neugierig, zuversichtlich, kritisch. Er sucht deutlich Lösungen dringender Probleme im Buch. Goebbels hätte ihn wohl eine ›Intelligenzbestie‹ genannt. Der Buchleser gefällt mir besser als Rodins berühmter ›Denker‹, der nur die Schwierigkeit des Denkens zeigt. Barlachs Plastik ist realistischer, konkreter, unsymbolisch.« Von Barlach gelte es, trotz Vorbehalte, viel zu lernen, da er »die menschliche Substanz, das gesellschaftliche Potential, herrlich über Entrechtung und Erniedrigung triumphieren« läßt (ebd., Bd. 19, S. 514, 511).

4.2 Gregor: Kunstoption, existentialistisches Modell, Realismus

Das »gesellschaftliche Potential« des »Klosterschülers« besteht für Gregor sowohl im brüderlichen Schutz des lesenden und freien Geistes gegen die Zerstörung durch die »Anderen«, die zu Recht die »Gefahr« wittern, als auch in der utopischen Ahnung einer Welt ohne Aufträge und Fahnen. Der »Klosterschüler« verkörpert modellhaft die Möglichkeit autonomen Handelns. Gregors »prise de conscience«, die Bewußtwerdung (im Sinne Sartres) freien Handelns überschreitet die Spiegelung der eigenen Schulungszeit im »Klosterschüler« (»Er ist wir [. . .] die Texte zu lesen, auf die es ankommt«, 43) hin zur kritischen Reflexion der Art und Weise des Leseaktes selbst. Dessen skeptische Distanz erwächst der Aufmerksamkeit des Lesens, dessen Freiheit der Konzentration des Lesens, dessen hieraus folgende (subversive) Autonomie mündet im Handeln jenseits der Normen, in individueller Verantwortung.

Gregors ästhetisches Erleben führt zur Praxis, zu einer im Wortsinn befreienden Tat. Der Rettung der Kunst folgt die Rettung menschlichen Lebens (Judith), deren vorausgegangene richtige politische Entscheidung wiederum der Aneignung des Kunstwerks geschuldet ist. Bedeutung und Wirkung der Kunst sind damit für Andersch eingelöst, der Widerspruch von Anschauung und Aktion, von Theorie und Praxis ist aufgehoben (vgl. auch Gregors Harmonisierung der selbstverordneten Askese im Begriff des »kalten Romantikers«). Diese Dialektik hat Andersch in *Sansibar* handlungsstrukturell umgesetzt.

Ästhetik und Existentialismus im Sinne Sartres bilden die nachweisbaren Grundlagen, bis hin zum existentialistischen Gestus der Einsamkeit Gregors nach der »Aktion« (137). In dem über das Schreiben handelnden Gedicht *Andererseits*, im argumentativen Tonfall ganz im Stile Brechts, hat Andersch rückblickend über Sartre formuliert: »von allen schriftstellern / meiner zeit / derjenige der mich / am stärksten / bewegt hat / ich liebe sartre.« Die spätere Relativierung folgt nur dem Alter: »aber auch in dieser hinsicht / bin ich nun / gelassener geworden«. Die »hölle« Sartres ist nun von der »einsamkeit« abgelöst, zumindest als Terminus verbleibt sie im existentialistischen Denken. Das Gedicht bezieht sich auf das früher entstandene *Auf dem Reichstag*, dessen letzter Vers lautet: »mönchlein du gehst einen schweren gang.« *Andererseits* endet in einem Postskriptum mit der berühmten Zeile: »empört euch der himmel ist blau«, die den Gesammelten Gedichten Anderschs den Titel gab (Zürich 1990, S. 102 f.). Sie gewinnt nicht nur Interesse durch die aus *Sansibar* bekannte Koppelung des Farbsymbolischen mit dem Politischen, sondern auch durch den subtilen Konnex von Metapher und Faktum, dessen semiotische Varianten komplexe Deutungen provozieren.

Die dem Potential der »résistance« erwachsene und abgeforderte individuelle Besinnung auf die Freiheit der Entscheidung (und der moralischen Handlung) faßt auch der Existentialismus Sartres u. a. im »Bild«, das »die Wiederinbesitznahme der Totalität des Seins« ermöglicht (J.-P. Sartre, Was ist Literatur, 1947. rde 65, S. 37; vgl. Welz 1980, S. 173). Auch Gregor spricht einmal vom »Lesenden Klosterschüler« als »ein[em] Bild« (105), das ihm die Perspektive zeigt, »in welche Richtung er zu gehen hatte« (142). Sartres drei Jahre nach der Befreiung von der Okkupation erschienene Schrift war Andersch nicht bekannt. Dagegen die im selben Jahre (1947) veröffentlichten Dramenedition, zu der Sartre schreibt: »Gleich um welche Umstände, welche Zeit und welchen Ort es sich handelt, der Mensch ist frei, sich als Verräter oder Held, als Feigling oder als Sieger zu wählen.« (J.-P. Sartre, Un théâtre des situations. Paris 1973, S. 244) Sartres aus der isolierten Krisenerfahrung von Okkupation, Diktatur und Pathos des Neubeginns geborener und zunächst attraktiv gebliebener radikaler Subjektivismus setzt die Existenz des Menschen vor seine Essenz, läßt den Menschen sich selbst frei schaffen (wählen), macht ihn dadurch handlungsfähig und individuell verantwortlich. Sartres Orest aus den *Fliegen* (1947), aus dessen Vorwort Andersch in seiner ersten Buchpublikation (*Deutsche Literatur in der Entscheidung*, 1948) zitierte, folgt nicht der

Rache fordernden Überlieferung, sondern mordet Klytemnestra und Ägisth, um das Volk von der Unterdrückung zu befreien. Seine Schlußgedanken »Alles ist neu hier, alles ist von vorne zu beginnen« sind in ihrem Vorbildcharakter für Gregors »Alles muß neu geprüft werden« nicht zu übersehen.

Gregors Entscheidung für die »Kälte« der »Aktion«, gegen die Romantik des Kusses mit Judith, ist eine existentielle Wahl, weil sie Möglichkeiten bereithält. Seine Zweifel an der Entscheidung (»vielleicht hinreißender und alles verändernder Kuß«, 126) reflektiert und behauptet die existenzsetzende Singularität seiner Position, die handlungsstrukturell beglaubigt wird. Unreflektiert jedoch bleibt die Inkongruenz von Auftrag in eigener Sache und faktischem Auftrag Helanders. Textimmanent ließe sich die Feststellung treffen, daß dies in der aktuellen Situation nicht Gregors Problem ist, denn das spätere Bekenntnis – »ich habe Sie beschimpft, aber ich bedaure, Sie nicht geküßt zu haben.«, 127 – entspricht der politisch motivierten Pflege seines antibourgeoisen Affekts in der Situation unmittelbar danach, die die Distanz forcieren muß, weil die Nähe zu groß geworden war. Der Blick auf den »Klosterschüler« weist ihm wieder den Weg der Hilfe und Rettung, die Zugehörigkeit zum »Club derer, die sich verschworen hatten, niemandem mehr zu gehören.« (116) Gerade dieses wiederbemühte existentialistische Selbstbestimmungsmodell läßt die Frage zu, inwieweit Andersch den möglichen Widerspruch zwischen einem Leben ohne Auftrag, das mit einem Auftrag beginnt, nicht gesehen hat oder ob er ihn durch Gregors fehlende Wahrnehmung auflöst – und damit auch die Idee absoluter Selbstbestimmung – und sie vielmehr eingehen läßt in die Notwendigkeit weiterer widerständiger Rettungsaktionen, die Gregor am Ende schließlich auch lebt.

Im Existentialismus pauschal eine Reorganisation des vom Inhalt losgelösten bürgerlichen Individualitätskults zu sehen und damit gleichzeitig Anderschs Gregor und *Sansibar* als jenseits aller Gesellschaftskritik zu erledigen, wie das Welz versucht (1980, S. 176 ff.), trifft und betrifft weder Sartre noch Andersch. Sartre hat im späteren Hauptwerk *Critique de la raison dialectique* (1960, dt.: Kritik der dialektischen Vernunft. Reinbek 1967) durch dialektische Korrekturen des frühen Existentialismus und des dogmatischen Marxismus den Anspruch einzulösen versucht, den Marxismus durch den Existentialismus zu seinen dialektischen Grundlagen zurückzuführen. Wiewohl es keine Belege für eine späte Beschäftigung Anderschs mit Sartre gibt, ist davon auszugehen, daß Andersch in den 70er Jahren, der Zeit des *wiederfindens der linken* (Ms. Literaturarchiv Marbach; zit. nach Jendricke 1988, S. 111), in den Grobstrukturen Sartre nicht unähnlich dachte, zumal er die Vision von der bewußten Gestaltung menschlichen Lebens, die dem Marxismus innewohnt, immer geschätzt hat.

Gregors existentialistische Selbstbestimmung als engagiertes Handeln wird geleitet durch die für Andersch wirkliche Kunst auszeichnende Widerstandskraft, die seinen schriftstellerischen Glauben bis zuletzt beflügelte. Auf die Nähe dieses Ansatzes zu der Ästhetik und Philosophie Ernst Blochs hat Heidelberger-Leonard hingewiesen (1986, S. 283 ff.). Aufzustehen, um etwas zu tun, wie der »Klosterschüler«, verharrt nicht bei der Hoffnung auf eine bessere Welt, sondern konstituiert sie bereits durch die Tat (»Aktion«). Kunst als »antizipierendes Bewußtsein«, als »überschreitendes Denken« ist (politische) Praxis, die realitätsverändernd wirkt, so Anderschs und Blochs Credo, trotz der Unzahl von Gegenbeweisen und Adornos gewichtiger *Ästhetischer Theorie* (Frankfurt 1980), die des Kunstwerks »Fremdheit zur Welt« behauptet. Fries/Peters haben die entgegengesetzten Positionen zwischen Andersch und Adorno erarbeitet. Anderschs »positive Bezugnahme auf Adornos Theorie« deklarieren sie als Mißverständnis Anderschs. »Gegen die existentialistische Schöpfungstheorie, die Freiheit des Subjekts in der Abstraktion von aller gesellschaftlichen Vermittlung finden zu können glaubt, stellt Adorno eine Theorie der Objektivität des Werks, die die gesellschaftliche Vermittlung auf die Spitze zu treiben und die Bedingungen der Möglichkeit von Freiheit erst herzustellen fordert.« (1979 S. 33) In der Tat entspricht Anderschs Formulierung im Adorno gewidmeten Aufsatz *Die Blindheit des Kunstwerks*: »Jedes gelungene Kunstwerk ist ein gelungener Ausbruch aus der Blindheit der reinen sich selbst genügenden Form.« (S. 53) eher der Blochschen Auffassung des »Leitbilds« (dagegen Adorno: *Ohne Leitbild. Parva aesthetica.* Frankfurt/M. 1967), dessen im *Prinzip Hoffnung* beschriebenes Mönchsbild sich abhebt »als Wunschportrait des richtigen Menschseins über [seinen] sozialen Ort [...] in nicht [...] abgegoltener Wirklichkeit.« (Bloch, Das Prinzip Hoffnung. Frankfurt/M. 1990, S. 1095; vgl. Heidelberger-Leonard, S. 284) Blochs »Ästhetik des Vorscheins« erscheint als philosophische Fundierung der Kunstauffassung Anderschs, die er in *Sansibar* als Bewährungsprobe seiner Figuren, linear auf Erfolg hin angelegt, exemplifiziert hat. *Sansibar* als Metapher kündet vom »Tagtraum« des »möglich Wirklichen« und verweist indirekt auf *Winterspelt*, das Hauptwerk und den anderen Ort, der sich gegen die »Diktatur des Indikativs« erhebt.

Anderschs Versuchsanordnung eines ästhetisch und existentiell inspirierten Modells verführte wegen seiner weitgehenden Abstraktion von der gesellschaftlichen Wirklichkeit zu wenigen harschen und falschen Urteilen, deren Extrem die Behauptung von Dieter Welz darstellt: »Es geht um schönen Schein. Diesem mangelt als Romanwirklichkeit die nötige Erdenschwere der Welt, auf die es abhebt, also der Nazizeit (1937) und der Nachkriegszeit (1957) gleichermaßen. Es gibt zu viel ›sozusagen wahre Wahrheit‹ [Lukács, K. S.] existenzphilosophischen Zuschnitts, die inhaltslos bleibt [...] Ein Nachkriegsroman, der den sinnlich gegenwärtigen und zugänglichen Teil der Weltgeschichte zugunsten philosophischer Spekulationen vernachlässigt, kann nicht zu einer gehaltvollen und reellen Darstellung der Totalität des Seins geraten. Wie wichtig ist ein solches Buch überhaupt (noch?). Infolge des eklatanten Realitätsverlusts erstirbt das Werk zu blindem Selbstzweck [...]« (Welz 1980, S. 183) – und infolge eklatanten Andersch-Verlusts die eigene Argumentation ebenso, wäre hinzuzufügen.

Die tendenziell ahistorische Konzentration in *Sansibar* ist nicht philosophischer Spekulation geschuldet, sondern folgt einem Beschreibungsmodell der Moderne, das nicht mehr die bunte Fülle der Totalität des Seins, sondern den das schreibende Subjekt betreffenden begrenzten Ausschnitt strukturell als wesentlich betont.

Statt Wertungen vorzunehmen, wären Fragen zu stellen nach dem desillusionierten Handlungsverlust des bürgerlichen Intellektuellen (der seine sozialen Figuren Handlungsverläufe durchprobieren läßt), nach dem historischen Erfahrungsverlust komplexer Gesellschaftlichkeit, der den fehlenden Sinnzusammenhang im begrenzten künstlerischen Experiment einholt, mithin nach dem Konnex literarischer Methode und realgeschichtlicher Entwicklung (vgl. dazu Scherpe 1983). Zudem ist es fragwürdig, ob und inwieweit die materialgefüllte Beschreibung zu einem höheren Grad historischer Präzisierung führt, zeigt sie doch in der Regel eher die ohnmächtige Vergeblichkeit handelnder Subjekte und bringt derart indirekt den Widerstand des ästhetischen Projekts wieder in Geltung. In einer schlichten und tiefgründigen Wahrnehmung hat P. Demetz schon frühzeitig festgestellt, daß Andersch »die zentrale Bedeutung von ›Sansibar‹ ironisch in der Parteibotschaft, die Gregor [...] [den] Reriker Genossen bringen sollte«, versteckt, nämlich die der illegalen Kampferfahrung entstammende Idee der Fünferzelle. »Wider die Intention der Partei schließt Gregor wahrhaftig eine Gruppe aus fünf Menschen zusammen, die in ihren spontanen Entscheidungen die Freiheit gewählt haben; sie sind die exemplarische Fünferzelle, auf der die Zukunft der Menschheit ruht.« (Über Alfred Andersch, S. 14)

Der Zusammenhang von Realität und Fiktionalität konzentriert sich auf die Motivationen Gregors, der einen Teil der eigenen Biographie Anderschs verkörpert und im durchgespielten Programm von politischer Moral und moralischer Politik auch das Wunschbild Anderschs rückwirkend in die fiktionale Vergangenheit projiziert. Im bewußt gewählten Topos des »Verrats« werden auch defizitäre Handlungsmuster der eigenen Vergangenheit (vgl. *Kirschen der Freiheit*) problematisiert, im aktuellen richtigen widerständigen Verhalten wird auch moralisch, politisch, appellativ die westdeutsche Restauration der 50er Jahre in den Blick genommen. Das Klima der Ohnmacht, das die Intellektuellen empfanden, hebt die Handlungsgewißheit der fiktionalen Figuren um so stärker hervor.

Anderschs autobiographische Identifikationen realisieren sich bis in die Träume. In den späten autobiographischen Blättern *Der Seesack* berichtet er von seinen wenigen aufgeschriebenen Träumen; zu ihnen gehören die Träume Helanders. Allerdings hat er sie »als Helander [...] geträumt [...] ich war Helander [...] daran erinnere ich mich noch genau« (Andersch Lesebuch, S. 90). Freuds Ich-Trias zu bemühen, um »eine mögliche Lesart anzudeuten; den pubertären Jungen noch als im ›Es‹ befangen, Gregor als das ›Wunsch-Ich‹ des Autors zu sehen und Helander als eine Teilfiguration des ›Eltern-‹ und ›Über-Ich‹« (Wehdeking, S. 85), erscheint für den »Jungen« fragwürdig, dessen dargestellte Dimensionen Freuds »Es« überschreiten. Auch das von Schütz (1980 a, S. 53) herausgelesene »Vater-Sohn-Verhältnis von Gregor und Helander« ist interessant, bleibt jedoch heuristisch eher spurlos. Es mag reichen, in des »Jungen«, in Gregors, in Helanders Motiven (auch) die subjektiven Motive Anderschs aufzuspüren und zu erkennen – des Menschen, des Zeitgenossen, des Künstlers.

4.3 1937 – davor, danach

1937 – Zeit der Rettungsaktion in Rerik – ist das Jahr der »Schandausstellung Entartete Kunst« in München (ab dem 19. 7.); ist ein Jahr vor dem Tod Ernst Barlachs, der neben vielen anderen am Pranger stand, dessen monatelanges Dahinsiechen man getrost als Folge der zerstörerischen Kunstpolitik des Nationalsozialismus zu bewerten hat; ist das Jahr der gleichzeitigen »Großen Antibolschewistischen Ausstellung« (5.-29. 9.) in Nürnberg und der Wanderausstellung »Der ewige Jude« (bis Mitte 1939); ist ein Jahr vor dem ersten staatlich organisierten Pogrom gegen die deutschen Juden, dem Anfang ihrer systematischen Einweisung zunächst in die Konzentrationslager Dachau, Buchenwald und Sachsenhausen; ist zwei Jahre vor dem Beginn des Weltkriegs und der damit verbundenen »Ermächtigung« Hitlers, der staatlich angeordneten »Vernichtung lebensunwerten Lebens«.

1937 ist ein erster Höhepunkt der Eskalation der Gewalt, menschlicher und politischer Ungeheuerlichkeiten. Der »völligen Kulturentledigung« (A. Mitscherlich) standen in den 30er Jahren zehntausende Deutsche entgegen. Kommunisten und Christen, Aristokraten, Bürgerliche, Arbeiter, Teile der bündischen Jugend organisierten zu Beginn des Regimes Widerstandsaktionen im Rahmen ihrer Möglichkeiten. Die Zerschlagung aller nicht nazistischen Organisationen, die Zwangserfassung ihrer Mitglieder in allen gesellschaftlichen und sozialen Bereichen verringerte die Chancen durchschlagender Erfolge, zumal in der zweiten Hälfte der 30er Jahre, als das NS-Regime seine Repressionsorgane verstärkte und zentralisierte (Volksgerichtshof, Ordnungspolizei, Sicherheitspolizei, Gestapozentrale, Errichtung größerer Konzentrationslager in Sachsenhausen, 1936, Buchenwald, 1937, Mauthausen, Flossenbürg, Ravensbrück, 1938). Hauptgegner des Nationalsozialismus und damit erklärtes Ziel der Vernichtung war, neben den nicht nur rassenpolitisch verfolgten Juden, der national und international organisierte Marxismus. Im Gegensatz zu den häufig eher konservativ assimilierten deutschen Juden war für die Kommunisten die faschistische Option kapitalistischer Herrschaftsorganisation (innergesellschaftlich und in der internationalen Systemauseinandersetzung) auf dem Hintergrund der zu bewältigenden Weltwirtschaftskrise Anlaß organisierten Widerstands. Entsprechend richtete sich von Beginn an der Terror des Nationalsozialismus besonders gegen Kommunisten. Im Zuge der Reichstagsbrandstiftung am 27. 2. 1933 wurden 10.000 Kommunisten verhaftet, Haftbefehle gegen 24 kommunistische Reichstagsabgeordnete erlassen, am 3. 3. wurde der Vorsitzende der KPD Ernst Thälmann verhaftet (1944 in Buchenwald ermordet), Tage später G. Dimitroff, der Leiter des westeuropäischen Exekutivkomitees der Kommunistischen Internationale. Wiewohl keine genauen Zahlen vorliegen, geht die Forschung davon aus, daß bis 1933 etwa 60 % der Kader der KPD verhaftet und ermordet wurden (vgl. Mammach 1984, S. 149 f.; H. Weber 1983, S. 140 f.). Die KPD war vor dem deutschen Faschismus die größte westeuropäische kommunistische Partei, erreichte bei den letzten regulären Wahlen im November 1932 knapp 20 %, selbst bei den Märzwahlen unter NS-Bedingungen noch etw 5 Millionen Stimmen, die 81 Reichstagsmandaten entsprachen.

1937 folgt Gregors Auftrag als Instrukteur der Umstellung des Widerstandes ab 1935. Geführt von »Grenzstellen« und »Abschnittsleitungen« (d. h. aus dem Exil) hatten die Instrukteure und Kuriere die Verbindungen nach Deutschland zu halten. »Diese Organisationsstrukturen dürfen freilich in ihrer Wirksamkeit nicht überschätzt werden. Die Verbindungen der kommunistischen Führung im Ausland zu den Widerstandsgruppen rissen zusehends ab. Die Kommunisten im Widerstand führten einen zähen Kleinkrieg, doch der Polizeiapparat wurde immer perfekter, die Isolierung der Kommunisten größer. Die illegale Tätigkeit wurde erschwert, und der Zusammenhalt beschränkte sich mehr und mehr auf kleine Zirkel.« (H. Weber 1983, S. 161 f.) Lageberichte der Gestapo und der Generalstaatsanwaltschaften weisen ab 1935 abnehmende Verhaftungen aus, sie zeigen, daß der Widerstand sich zunehmend isolierte, jedoch weiterging (vgl. ebd.). Gregors Zusammenarbeit mit Pfarrer Helander etwa ist mittlerweile offizielle Politik der KPD. Der VII. Weltkongreß der Kommunistischen Internationale (KI) im Juli und August 1935 kritisierte die bisherige Taktik der KPD als »selbstgefälliges Sektierertum«, womit die Gleichsetzung von Faschismus und parlamentarischer Demokratie gemeint war, die dazu führte, theoretisch und praktisch in der SPD den Hauptfeind zu sehen. Gefordert wurde nun eine »Volksfront« aller nichtfaschistischen Personen und Gruppen, unabhängig von ihren sonstigen politischen Haltungen. In der Tat war die »ultralinke« Taktik der KPD seit 1928 getragen vom Revolutionspathos, das ohne Etappenziele ein Sowjetdeutschland propagierte und damit notwendigerweise den heraufkommenden Faschismus unter-, die autoritären Tendenzen der parlamentarischen Demokratie (seit den Präsidialkabinetten ab 1930) überbewertete. Weder die horrenden Stimmengewinne der NSDAP bei den Septemberwahlen 1930, noch die Ergebnisse vom November 1932, noch gar der 30. 1. 1933 führten zu einer Änderung der Politik der KPD, für die sich bis zum Sommer 1934 Zitate nachweisen lassen, in denen die SPD als Hauptstütze des Faschismus verantwortlich gemacht wurde (Bahne 1979, S. 719; zur Interdependenz zwischen sowjetischer Außenpolitik, Einfluß auf die KPD und Politik der KPD, vgl. ebd.). Knudsens (und auch Gregors und Anderschs) Kritik am Verhalten der KPD im Januar/Februar 1933 ist bei aller subjektiven Bewertung historisch korrekt. Der während der »ultralinken« Phase praktizierten »Einheitsfront von unten« (d. h. gemeinsames Vorgehen nur mit den Mitgliedern der »reformistischen« Organisationen) stand eine nur punktuelle »Einheitsfront von oben« gegenüber, die auch häufig, bei der komplizierten Geschichte zwischen KPD, SPD und Gewerkschaften, am Veto der SPD scheiterte. Es verwundert nicht, daß das Generalstreikangebot der KPD nach der faschistischen Machtübertragung unbeantwortet blieb. Die Wehrlosigkeit der gesamten organisierten Arbeiterbewegung zum Beginn des Jahres 1933 darf nicht verdecken, daß sie der entschiedenste Gegner des Nationalsozialismus war.

1937 trifft Helanders ernüchterndes Fazit, »die Kirche, das bin leider nur ich [...] der gehörte zu den Anderen« (29 f.), als subjektive Erfahrung die Situation der Bekennenden Kirche. Am 23. 6. 1937 wurde die Mehrheit des Reichsbruderrates von der Gestapo verhaftet, am 1. 7. 1937 Martin Niemöller, der Gründer des

»Pfarrernotbundes« 1933 und Initiator der Bekenntnissynode 1934. Ab 1937 wurde die Öffentlichkeitsarbeit der Bekennenden Kirche weiter eingeschränkt, die kompromißbereiten Bischöfe (Hans Meiser/Bayern, August Marahrens/Hannover, Theophil Wurm/Württemberg) gaben am 31. 5. 1939 eine Erklärung ab, wonach sich die Protestanten »in das völkisch-politische Aufbauwerk des Führers mit voller Hingabe einfügen« mögen (zit. nach Mammach 1984, S. 277). Die Mitglieder der Bekennenden Kirche standen gänzlich allein, nachdem die »Kirchenbewegung Deutsche Christen« und die »Glaubensbewegung Deutsche Christen« schon 1933 Hitler als Retter des deutschen Volkes gefeiert, die Abschaffung des Alten Testaments und die »Entjudung« des Gesangbuchs gefordert hatten. Während die NS-nahen Kirchenführer Erklärungen »gegen den Bolschewismus« abgaben, verfaßte die Bekennende Kirche Denkschriften gegen Konzentrationslager, Antisemitismus und Rassismus (Mai 1936). Der Kirchentag der Bekennenden Kirche nach der »Reichskristallnacht« forderte zu Predigten gegen die Verfolgung der christlichen Juden auf, problematisch jedoch wurde auch ihre Haltung zu den gläubigen Juden.

Die Mitglieder der Bekennenden Kirche wurden ebenso wie manche Katholiken zu hilfreichen Trägern des christlichen Widerstands. Ihr Mut, häufig schon das Festhalten an eigenen Überzeugungen, darf ebenfalls nicht verdecken, daß die Haltung der Kirche insgesamt im Nationalsozialismus ein sehr düsteres Kapitel ihrer Geschichte darstellt. Jüngste Forschungen, erarbeitet aus den wenigen zugänglichen Archiven beider Kirchen, zeigen, wie nach 1945 Hilfsstellen des Vatikan und anderer kirchlicher Organisationen Nationalsozialisten die Flucht vor den Alliierten ermöglichten, Gnadengesuche für NS-Mörder durchsetzten, Arbeit und Brot in kirchlichen Einrichtungen verschafften. Dokumentarisch belegt und namentlich genannt sind u. a. der Münchener Kardinal Faulhaber, der Kölner Kardinal Frings, der Bayerische Landesbischof Hans Meiser, der Württembergische Landesbischof Theophil Wurm. Nicht dem Mitläufer oder kleinen Nazi wurde geholfen, sondern dem Erbauer der fahrbaren Gaskammern Walter Rauff, dem Kommandanten von Treblinka Franz Stangl, dem Gouverneur von Galizien Otto Wächter und anderen. »Wenn Kirchenführer Naziverbrechen verharmlosten oder leugneten, verharmlosten und leugneten sie ihre eigene Beteiligung. Wenn sie Naziverbrechern halfen, halfen sie sich selbst, denn: waren die in Nürnberg und Dachau Angeklagten keine Verbrecher, konnten sie nicht Komplizen sein.« (Klee 1991, Epilog)

1937 ist auch Knudsens Sorge um seine Frau Bertha zutiefst berechtigt. Als Kommunist ahnt und weiß er um die anlaufende Vernichtungsbürokratie eines Staates, der auf den Krieg zuarbeitet und der zu diesem Zweck sich der »übelsten Kranken« entledigen zu müssen glaubt (14; vgl. Klee 1983). Weder Juden, Zigeunern, Schwulen noch den Psychiatrisierten wurde zur Zeit des Nationalsozialismus ein auch nur annähernd dichtes Netz heimlicher und tätiger Hilfe zuteil, wie nach 1945, in ungeheuerlicher Verkehrung von Opfern und Tätern, den Verantwortlichen von vor 1945.

1937 ist auch der »Junge«, unbehelligt von der NS-Jugendpolitik, wegen seines

»Ungehorsams« potentielles Opfer. Neueste Forschungen zur Jugendfürsorge im Nationalsozialismus zeigen, wie die institutionalisierte Repression gegenüber unangepaßten Jugendlichen auf dem Hintergrund fehlender Erfolge und anderweitig eingesetzter finanzieller Mittel umschlug in eine vererbungsbiologisch definierte »Minderwertigkeit«, die über den Weg der Zwangssterilisation die Vernichtung im Rahmen industriegesellschaftlicher Disziplinierung ansteuerte (vgl. Bajohr/Johe/Zohalm 1991).

Eingelassen in die Ambivalenzen der Modernisierung, in den Konnex von überzeugter technisch-biologischer Machbarkeit und zunehmender Enthumanisierung ist auch die Genese des Völkermords an den Juden. 1937 ist das Jahr des Beginns der »Arisierung« der Wirtschaft und eines Geheimerlasses Heydrichs über die »Schutzhaft für Rassenschänder«. Die Flucht Judiths, der Selbstmord der Mutter sind geboten und realistisch. Die antisemitischen Zeichen des Nationalsozialismus waren eindeutig, dennoch von vielen Juden als jeweils letzter Auswuchs einer wahrhaft unglaublichen Entwicklung falsch bewertet. Dem SA-organisierten Boykott jüdischer Geschäfte, der Entfernung der jüdischen Beamten, der Aberkennung der deutschen Staatsbürgerschaft (im Frühjahr bzw. Sommer 1933) folgte nach dem Nürnberger Parteitag der NSDAP das »Reichsbürgergesetz« und das »Gesetz zum Schutz des deutschen Blutes und der deutschen Ehre« (1935) mit der Ausschaltung der Juden aus allen öffentlichen Arbeitsverhältnissen, der Aberkennung der Bürgerrechte und der Definition des »Juden«. Die der Weltöffentlichkeit geschuldete relative Ruhe vor und nach den Olympischen Spielen 1936 wurde vom Beginn des Jahres 1938 abgelöst durch eine Fülle von »Gesetzen«, »Verordnungen« und gesteuerten Zerstörungsaktionen in öffentlicher und bürokratischer Vorbereitung der »Reichskristallnacht« (9./10. 11. 1938) und der die »Endlösung« beschließenden »Wannsee-Konferenz« im Januar 1942. Anderschs kleine historische »Unsauberkeiten« (die Verordnung über die Streichung der Approbation für jüdische Ärzte datiert vom 25. 7. 1938, die Änderung von Vornamen durch hinzugefügtes »Israel« bzw. »Sarah« vom 17. 8. 1938, die neue Ausgabe der Pässe mit kennzeichnendem »J« vom 5. 10. 1938) sind im Zuge der Eskalation der Vernichtung nicht nur unerheblich, sondern zeugnishaft für die Wahrheit der Fiktion, deren Maßstab für Realismus nicht in der Nachprüfbarkeit an der verarbeiteten Realität besteht. Andersch beschreibt die Türme und Kirchen von Wismar, wenn er von Rerik erzählt, und die Größenbeschreibung des »Lesenden Klosterschülers« (43) ist nur bedingt mit der Barlach-Figur identisch. Barlachs Werkverzeichnis notiert: »Lesender Klosterschüler, Nr. 367, 1930, Holz, Höhe 1.15 m. Ausstellungen: 1933 Chicago, 1936 Berlin (Kirchl. Kunst).« (Barlach, Werkverzeichnis, S. 203) Der »Lesende Klosterschüler« ist seit 1961 in der Gertrudenkapelle in Güstrow (Kr. Schwerin) wieder ausgestellt.

1937 steht Barlach nicht das erste Mal am Pranger, dennoch ist die Information über die Ausstellung von 1936 in Berlin korrekt. Barlach galt den NS-Bilderstürmern lange Zeit als »problematischer Fall«. Die Ausstellung »Entartete Kunst« (zum Begriff vgl. Mattenklott 1987, S. 25 ff.) beendete einen kunstideologischen Machtkampf zwischen Goebbels, der die »Reichskulturkammer« dirigierte, und

Alfred Rosenberg, der den 1927 gegründeten »Kampfbund für Deutsche Kultur« leitete. Man weiß von Goebbels, daß er den Expressionismus schätzte, sich nach 1933 mit Bildern von Nolde und Plastiken von Barlach umgab (»Berserker«), den Expressionismus sogar zur Staatskunst machen wollte. Gestützt wurde er von O. A. Schreiber, einem führenden Funktionär des NS-Studentenbundes und Assistenten an der Berliner Kunstschule, der in der Zeitschrift »Kunst der Nation« den Kampf um den Expressionismus offensiv führte, gedeckt durch die »Reichskulturkammer«. Die Expressionismuspräferenz von Teilen der nationalsozialistischen Machtelite ist in ihrem modernen Rezeptionspotential sicherlich zu relativieren, zumal sich Gottfried Benn am 25. 11. 1933 in der Wochenzeitschrift »Deutsche Zukunft« bekenntnishaft zum Expressionismus äußerte, als der »letzten großen Kunsterhebung Europas«, dessen »antiliberale Funktion« den Auftakt der nationalsozialistischen Bewegung ausmache. Dennoch, es gab einen Machtkampf innerhalb der NSDAP um die kunstpolitische Richtung, die Reste der noch vorhandenen Öffentlichkeit sprachen von »zweierlei Kunst in Deutschland« (vgl. Bremer 1963, S. 74). Erst 1934 wurde durch eine Entscheidung Hitlers ein »Amt für die Überwachung der gesamten geistigen und weltanschaulichen Schulung und Erziehung der NSDAP« unter der Leitung Rosenbergs gegründet, das die institutionelle Absicherung der Ideologie des »Kampfbundes« und seiner ausschließlichen Favorisierung »völkischer Kunst« bedeutete.

Der auch für andere Bereiche Hitler-typische Kompetenzwirrwarr, um durch Machtteilung die eigene zu stärken, ließ einige Zeit unterschiedliche, z. T. widersprüchliche kunstpolitische Facetten zu. Sie bedeuteten nicht, daß Barlach bis dahin unbehelligt blieb. Im Gegenteil, bereits 1930 wurden seine Arbeiten aus dem Schloßmuseum in Weimar verwiesen (thüringischer Innenminister Frick, NSDAP) zusammen mit Nolde, Heckel, Hofer, Kirchner, gleichzeitig widmete ihm die Preußische Akademie (deren Mitglied er seit 1919 war) 1930 eine große Retrospektive. Im Januar 1933 setzte sich Barlach in einer öffentlichen Stellungnahme (Radioansprache) für die ausgeschlossenen Akademiemitglieder Heinrich Mann und Käthe Kollwitz ein. Briefzensur, Polizeiüberwachung bis hin zum Zwang, das eigene Haus in Güstrow zu räumen, waren die Folge, ebenso die Demontage seiner Figuren am Magdeburger Dom, die nicht dem Männlichkeitsideal des Kriegers entsprachen. 1935 entfernten die uniformierten Kunstrichter seine Plastik »Christus und Johannes« aus dem Museum in Schwerin (sie gehörte zu den 600 Exponaten der Ausstellung »Entartete Kunst«), 1936 die Skulpturen an der Lübecker Katharinenkirche, 1937 wurde sein Ehrenmal für den Dom in Güstrow eingeschmolzen. Insgesamt konfiszierten die Nationalsozialisten 381 Werke Barlachs aus Museen und Kirchen. Ein zwischenzeitliches »Versöhnungsangebot« Hitlers schlug Barlach aus. Die »Unsicherheit« der NS-Kunstrichter machte immerhin noch sog. »Fabrikausstellungen« möglich (vgl. »Entartete Kunst«, Ausstellungskatalog, S. 9 ff.). Durchgesetzt jedoch hatte sich die Linie, die 1938 programmatisch in der SS-Zeitschrift »Das Schwarze Corps« formuliert wurde:

»Nun ist Barlach rassisch alles andere, nur nicht deutsch, seelisch unausgeglichen, besessen vom Dämon der ostisch-slavischen Menschheitsgruppe, dem jähen Wechsel von hemmungsloser Aufgeregtheit und dumpfer Niedergeschlagenheit. Die Welt ist ihm das sinnlose Leiden und dämmernde Dahinbrüten, untermischt mit ziellosen Ausbrüchen unbeherrschter Leidenschaft, die hoffnungsvolle Ergebung vor und nach ergebnisloser Raserei. Daher seine Vorliebe für Russisches, allzu Russisches. Denn die gesunde russische Bequemlichkeit und jener Humor der urwüchsigen Daseinsfreude, den jede reine und gesunde Rasse auf ihre Art äußert – davon zeigen die Barlach-Russen nichts. Es herrscht in ihnen vielmehr ein Zustand und Wesen, was wir als entartet ansehen müssen.

Man hat inmitten dieser Barlach-Gestalten das Gefühl, in einer Gesellschaft von nervenkranken, geistig unzulänglichen, haltlosen Kreaturen zu weilen. Man fühlt sich umwittert von den Ausdünstungen verwahrloster Leiber von plumpem Bau und schlechten Säften, von Opfern rassischer Niederzucht, die (gerade ohne sozialistische Anklagetendenz!) schon in ihrer unbegründeten sinnwidrigen Tatsächlichkeit doppelt quält.« (3. November 1938; zit. nach Carl Georg Heise [Hg.], Ernst Barlach, Der Figurenschmuck von St. Katharinen zu Lübeck. Stuttgart 1964, S. 28 f.)

Die letztlich staatlich organisierte Oppositionsbewegung gegen die Avantgarde des 20. Jahrhunderts ist in ihrem Ziel, sie konzentriert in einer »Schandausstellung« zu diffamieren, nur unzureichend erfaßt. Der für diesen Bereich unvergleichlich angestrengte Aufwand (16.000 Exponate wurden aus deutschen Museen konfisziert, 5.000 am 20. 3. 1939 auf dem Hof der Berliner Hauptfeuerwache verbrannt, der Rest im Schloß Niederschönhausen deponiert bzw. ins Ausland verkauft) bestätigt auf erschreckende Weise Anderschs Glauben an die soziale Aktivität der Kunst. Möglicherweise ist es gerade ihre Unkalkulierbarkeit als soziale Praxis, die diktatorische Herrschaftseliten frühzeitig (vgl. die Bücherverbrennung »schon« im Mai 1933) und immer wieder zu institutionalisierten Repressionen greifen lassen. Die Attacken gegen den Modernismus forcieren das Mißtrauen des »Normalbürgers« gegen alles Fremde. Auf dem Hintergrund der stürmischen Entwicklung der Literatur, Musik und bildenden Kunst seit 1910 und ihrer Identifikation mit den wirtschaftlichen, sozialen und politischen Verunsicherungen nach dem Ersten Weltkrieg eignet sich die Ablehnung der künstlerischen Moderne besonders als soziales und nationales Integrationsinstrument nationalsozialistischer Herrschaftssicherung.

Nationalsozialistische Kunstpolitik versteht sich als Politik für die »völkische Kunst« und als Politik mit der Kunst und somit als soziokulturelles und politisches Kontrollmedium, das mythenbildend, d. h. gemeinschaftsstiftend und vermeintlich plebiszitär, seinen staatlich institutionalisierten Beitrag zu nationaler Erhebung und nationalchauvinistischer Expansion leisten soll (vgl. Alfred Rosenberg, Der Mythos des 20. Jahrhunderts, 1930).

Die Verteidigung und Rettung der Kunst ist damit – nach Andersch – auch immer Verteidigung der Rettung der Freiheit des Menschen und damit seiner Möglichkeiten, Kunst überhaupt erst herzustellen und wirksam werden zu lassen.

4.4 Ästhetik und Politik: Kontinuitäten

In gut einem Jahrzehnt nach *Sansibar* veröffentlicht Andersch zwei Romane (*Die Rote, Efraim*) und drei Erzählbände (*Geister und Leute, Ein Liebhaber des Halbschattens, Mein Verschwinden in Providence*) neben Reisebeschreibungen, literarischen Aufsätzen und Essays. Immer wiederkehrende Geste seit den *Kirschen der Freiheit* ist, die gegenüber dem Leben zu leistende Freiheit zu denken und zu wählen. Als intellektuelle Arbeit seiner zumeist intellektuellen Helden richtet sie sich gegen dogmatische Festlegungen, gegen deterministisches Verharren, gegen die indikative Tatsächlichkeit, die Andersch programmatisch im konjunktivischen Durchspielen erzählter Möglichkeiten im Hauptwerk *Winterspelt* aufzulösen versucht. Handlungsstrukturell erscheint die Freiheit häufig als Flucht (vor der Bindung, vor der Partei, vor der Politik, vor den gegebenen Verhältnissen), niemals als solche vor der Verantwortung, immer als solche in die individuelle Moral, deren Folge häufig der Wiedereinstieg in (subjektiv) veränderte Bedingungen ist.

Die Rede in den *Kirschen der Freiheit* vom »Nu der Freiheit«, von den Augenblicken, in denen man »sich gegen das Schicksal wendet und neues Schicksal setzt« (ebd., S. 126), deutet den Zusammenhang von Freiheit, Flucht und – unausgesprochen – Wiedereinstieg an. Nicht von ungefähr handeln die unmittelbar folgenden Sätze von der Kunst, hier von Picasso und Apollinaire, die sich »gegen das Fatum der Geschichte [...] in die Freiheit fallen« ließen (ebd., S. 127). Ob Rilke, die Bilder in Schleißheim, später im Kommunistischen Jugendverband Brecht und Feuchtwanger, noch später die Barlach-Plastik, oder – wie zu zeigen – in den folgenden Werken: immer ist in der Kunst Utopie bewahrt, ist Kunst bewegender Widerspruch gegen das Faktische. Im Verhältnis von Kunst und Wirklichkeit erzählt Andersch von Möglichkeiten, die dem Modell Kunst folgen, allerdings in unterschiedlichen Varianten und Abstufungen, bis hin zum Dekret »Kunst-Theorie ist Deskription der Entstehung von Kunstwerken« (Die Blindheit des Kunstwerks, S. 49) oder bis hin zum oppositionellen Gestus der Prosa selbst: »Geschichte berichtet, wie es gewesen. Erzählung spielt eine Möglichkeit durch« (Winterspelt, S. 22), ergänzt durch die Bemerkung Hainstocks in *Winterspelt:* »Wenn man darauf verzichtet, sich vorzustellen, wie es hätte sein können, verzichtet man auf die Vorstellung einer besseren Möglichkeit überhaupt. Dann nimmt man die Geschichte hin, wie sie eben kommt« (ebd., S. 99 f.). Kunst öffnet die Wirklichkeit zum alternativ Möglichen, Kunst ist die Alternative.

Aporien des spekulativen Kontrasts von Kunst, dialektische Ungereimtheiten auch der eigenen Existenz und Identität zwischen Politik und Ästhetik – (werk-)biographisch zu verfolgen vom KJV und dem bewußten Austritt aus der Geschichte bis hin zum polemischen *artikel 3 (3)* nach einer Phase politischer Zurückhaltung – hat Andersch immer gespürt und in offensiven Widersprüchen formuliert. Ein Satz wie »Meine eigene Biographie ist ohne Sartre und Beckett nicht denkbar« (Öffentlicher Brief an einen sowjetischen Schriftsteller, S. 200) ist in der theoretischen Unvereinbarkeit (beider Pole) ebenso erstaunlich wie die Aneignung von Adornos deterministischen ästhetischen Überlegungen, die er neben Sartres existentialistischem Freiheitsbegriff zu denken vermag, komplettiert durch Blochs Denken als »Überschreiten«, das zwar Sartre fortdenkt, doch antithetisch zu Adornos Gedanken autonomer Kunst und der ihrer »Fremdheit« gegenüber der Wirklichkeit steht. Die Harmonisierung dieser drei theoretischen Stützen im Gedanken der Zukunftsbezogenheit der Kunst wäre vordergründig, verfehlte die Aporien (vgl. Fries/Peters 1979) und verzichtete auf das von Andersch bewußt gesetzte Spannungsverhältnis von Realität und Kunst. Die Ambivalenzen dieser Beziehung sind auch die Ambivalenzen des Autors Andersch, die er widersprüchlich und koexistentiell in mancher Überschrift öffentlich versteckte. Eine Aufsatzsammlung von 1972 nennt er *Norden Süden rechts und links*, ein Gedicht *erinnerung an eine utopie*, deren Sammlung *empört euch der himmel ist blau.* Diesen bei Heidelberger-Leonard (1986, S. 280) aufgelisteten Beispielen sind weitere anzufügen. Allein der von Andersch gern zitierte, André Gide entliehene Satz »Ich baue nur noch auf die Deserteure«, letztlich widersprüchlich, ist im Kontext seines Werks von programmatischer Dialektik. Noch der späte Andersch, der mit der »Linken« auch den Marxismus wiedergefunden hat – »für mich als einen im klassischen marxistischen Denken erzogenen Menschen« (Interview Enzensberger, in: Über Alfred Andersch, S. 212) –, behauptet in *Aus der grauen Kladde* (1976): »Damit ich mein Métier ausüben kann, schreibe ich Texte, von denen ich mir einbilde, sie verhinderten, daß ich eines Tages wieder eine Straßenwalze in einem KZ ziehen muß.« (Öffentlicher Brief, S. 118). Dieser Radikalismus des Geistes, erinnernd an die Anfänge nach 1945, führt das existentialistisch souverän ausgestattete Subjekt gegen die Bastion der Produktionsverhältnisse ins Feld. Schütz (1980 a, S. 106) hat wiederholt darauf verwiesen, daß Andersch kaum Verrisse über andere schrieb. Sie waren ihm Anlässe, theoretische Klarheit über sich selbst zu gewinnen, im anderen »ein Stück literarische Selbstbefragung zu leisten« (Krolow 1972; zit. nach ebd., S. 105), die die Besorgnis um das Eigene im Werk des anderen zur Sprache bringt.

Inkongruenzen, Kontraste, Widersprüchlichkeiten sind produktive Einlässe und Einsprüche, die nicht nur mitunter Schreibstil und Methode bestimmen, sondern Anderschs Kunstverständnis grundsätzlich ausmachen. In der Auseinandersetzung mit Benn dekretiert er: »Kunst ist [...] nur aus Spannungszuständen« möglich (Die Blindheit des Kunstwerks, S. 47). Damit spricht er nicht nur die im Kontext verhandelte philosophische Dialektik von Subjekt und Objekt (gegen Benns und Fabris Ablehnungsaphorismen) an, sondern auch die Spannungen zwischen Politik und Moral, Ästhetik und Politik, Realität und Kunst, inklusive ihrer Implikationen, spekulativen Behauptungen, thesenhaften Setzungen, erprobten Versuche, zeitweiligen Verhältnisverschiebungen, grundsätzlichen Ambivalenzen und prinzipiellen Beharrens auf der Bewegungskraft des Widerspruchs.

Adornos Indienstnahme durch Andersch ist als Pendant dieser Haltung zu sehen. Er diente ihm dazu, die strikte (von Sartre gelernte) Antithetik von littérature engagée und l'art pour l'art durch eine stärkere Betonung der Formimmanenz der Literatur aufzulösen. Sie enthält bereits die später ausgefächerte Attributierung des Realismus als gesellschaftskritisch durch die poetisch-reflexiv erarbeitete literarische Verfahrensweise, die gegen das Postulat von den vollzogenen Fakten die Geschichte offen halten will. Adorno lieferte Andersch in den späten 50er Jahren die Argumente gegen die unmittelbar wirkende Macht der Literatur, als eher die Ohnmacht vor den restaurierten Machtstrukturen sich breit machte. Adorno war nicht Gegenprogramm zu Sartre, sondern von den Verhältnissen erzwungenes Korrektiv, das Andersch eher in affirmativer Assimilierung denn im grundsätzlichen Entweder-Oder nutzte, vergleichbar den Kunstwerken, von denen seine Figuren – ergriffen – ihre Veränderung erfahren.

Der erste Roman nach *Sansibar* führt dementsprechend in veränderter Spur bei gleicher Richtung das *Sansibar*-Thema fort. Franziska, *Die Rote*, flieht, diesmal aus der Bundesrepublik, aus desolaten privaten Verhältnissen nach Venedig auf der Suche nach der »dritten Möglichkeit« »zwischen dem schicken Leben und der sauberen Misere« (Die Rote, S. 57). Alternierend montiert – ebenfalls in von innerem Monolog durchsetzter auktorialer Strategie – wird von Fabio Crepaz erzählt, einem enttäuschten Kommunisten und Spanien-Kämpfer, der das politische Engagement gegen die Musik eingetauscht hat. Auch er sucht nach dem »Konzept einer dritten Kraft« (ebd., S. 106) zwischen den »beiden nihilistischen Apparaturen, vor denen alle Ideen verblaßten«, den »Automaten, die anstatt Gedanken die falschen Münzen der Ideologien ausspuckten« (ebd., S. 103). In der Ausstattung Fabios wird Anderschs zunehmende Entfremdung gegenüber den Entwicklungen in Ost wie West ebenso greifbar wie die insgesamt im Vergleich zu *Sansibar* komplexer gefügte Erzählstrategie. *Die Rote* ist nicht nur psychologischer und welthaltiger, sondern subtil in den korrespondierenden Stil- und Motivkonglomeraten von Neorealismus, Schauerromantik und Kriminalliteratur und immanenten Kunstverweisen.

Die Begegnung der Figuren mit der Kunst, ihre verinnerlichte Wirkung hat Heidelberger-Leonard prägnant zusammengefaßt: »Das ästhetische Erleben macht nicht bei der Einfühlung halt, vielmehr geht es um die Bereitschaft, sich aus den eigenen Vorstellungsbahnen herauszubegeben und die Möglichkeiten anderer Voraussetzungen anzuerkennen. Die künstlerischen Präfigurationen [...] fungieren mit Präzision als Möglichkeiten einer anderen Welt, wo sexuelle Hörigkeit und materialistische Versklavung einem neuen Leben in Liebe und Freiheit Platz gemacht haben.« (1986, S. 287)

Die psychologische Optik auf die gesellschaftspolitisch motivierten (privaten) Herrschaftsverhältnisse, ihre praktische Überwindung in »privateren Dimensionen« hat Andersch mit *Efraim* radikalisiert. Vom Tagesfeuilleton unzureichend erfaßt, gilt er mittlerweile der Fachwissenschaft als einer der gültigen Romane der 60er Jahre, insgesamt vergleichbar Frischs *Stiller*, Bellows *Herzog* und, so Wehdeking (1983, S. 107), der Romankunst Thomas Manns, dessen *Zauberberg* in manchen Zügen produktiven Eingang fand. Die Arbeit an *Efraim*, der selbst erzählten Geschichte des heimatlosen Opfers deutscher Geschichte, mithin dem thematisch brisantesten, literarisch schwierigsten Thema deutscher Vergangenheit, bedeutet gleichzeitig Anderschs Phase politischer Enthaltsamkeit. Sie ist nicht der Arbeitsüberlastung geschuldet, sondern programmatisch. Wäre Gegenteiliges zu erwarten gewesen? Die Irritation seiner Leser und Anhänger jedenfalls ist zweifach. Während Martin Walser im Sommer 1961 den schriftstellernden Protest gegen die Regierungsparteien sammelt, »Die Alternative oder brauchen wir eine neue Regierung«, veröffentlicht Andersch Monate später vordergründig private Reisebeschreibungen *Wanderungen im Norden* (1962), in Wirklichkeit geübteste Prosa die an die Einsamkeit der Figuren in *Sansibar* erinnert und die die Figuren in den folgenden Erzählbänden vorwegnimmt, etwa Dr. Wille, den *Liebhaber des Halbschattens* (1963), einen drückebergerischen Außenseiter, der Gegenwart nur durch Vergangenheitserinnerung und Alkohol erträgt. Der Ausformung subtiler Psychologie steht der Roman als »Kassiber«, das montierte Verfahren in *Mein Verschwinden in Providence* (1971) gegenüber, eine Parabel auf die gesellschaftlich abverlangte Zwangssituation des Schriftstellers, schreiben zu müssen, unterhalten zu müssen, leben zu müssen, reflektieren zu müssen (über das Schreiben). In Zeiten öffentlich demonstrierten schriftstellerischen Engagements reist Andersch, probiert und verfeinert Schreibweisen, wehrt sich ironisch gegen Vorwürfe (Grass) wegen des Rückzugs von der politischen Teilnahme. »Ich wäre jedoch, selbst wenn ich dies gewollt hätte, dazu nicht in der Lage gewesen, weil ich mich zur Zeit des Wahlkampfes auf 80 Grad 45 Strich nördlicher Breite aufhielt. Ich gebe zu, damit völlig verantwortungslos gehandelt zu haben, doch hat mir die Beobachtung von Eisbären sicherlich mehr Vergnügen bereitet als der Anblick erstklassiger Schriftsteller, wie sie, verführt von Günter Grass, für sechstklassige Politiker Wahlreden umschreiben und diese Art von Beschäftigung für schriftstellerisches Engagement halten.« (FAZ 15. 10. 1965). Auch gegen die pseudorevolutionären Thesen vom »Ende des Erzählens«, erst recht gegen den kulturrevolutionären Salto vom »Ende der Literatur« – für Andersch ideologischer Quast literarischen Kleinbürgertums (vgl. Ein neuer Scheiterhaufen, S. 60) – setzt er die schonungslose Subjektivität erinnernder Selbstbefragung im historischen Kontext. *Efraim* ist erzählendes und erzähltes Programm gegen den Zeitgeist überschwenglicher abstrakter Theoriemuster der Geschichtsbetrachtung. Efraim ist Jude ohne Glauben, Linker, der für die konservative Presse schreibt, Intellektueller mit Abscheu vor Diskussionen, überlebtes Opfer, für das Auschwitz die Folge von Zufall und Chaos ist. Efraim ist Journalist, der sich in Literatur versucht, schreibender Selbsttherapeut, der sich materialisierend objektivieren will. »Ich kann nichts weiter schreiben als die Wahrheit meiner Existenz.« (Efraim, S. 151) Widersprüchlich, ambivalent, berichtend, essayistisch, autobiographisch entsteht derart ein Roman im Roman, »halten sich Kunst und Wirklichkeit die Waage, weil hier zwar Wirklichkeit reflektiert, diese Wirklichkeit aber selber zum Kunstwerk ästhetisiert wird.« (Heidelberger-Leonard 1986, S. 293) Efraim (Schreibweise!) ist nicht der repräsentative Jude – wie hätte Andersch dies in der Ich-Perspektive sich abverlangen können und sollen –, Efraim ist als Jude Repräsentant einer Minderheit, in dieser nochmals Außenseiter als Aussteiger unter den Intellektuellen (vgl. Wehdeking 1983, S. 112). Dieser Art integriert Andersch verschiedene Perspektiven extremen Subjektivismus, setzt programmatisch gegen »die sogenannte Krise des Romans [...] die psychische Realität« (Notiz über Efraim, in: Über Alfred

Andersch, S. 117 f.) als integralen Bestandteil historischer Realität, die immer dialektisch in Geltung gebracht ist.

Die politische Situation zu Beginn der 70er Jahre, Vietnamkrieg, westliche Akzeptanz des griechischen Juntaregimes, CIA-Sturz Allendes in Chile, die Berufsverbotepraxis in der Bundesrepublik führten zur weiteren Desillusionierung Anderschs über das westliche Demokratiemodell und damit gleichzeitig zur Rückkehr in die politische Öffentlichkeit. *Mein Verschwinden in Providence* artikuliert zwar nochmals die Selbstzweifel des Autors und seines gesellschaftlichen Anspruchs und Auftrags, gleichzeitig hat er jedoch thematisch und formal ein sicheres Plateau erreicht, das sein Programm einer ästhetischen Opposition tragfähig macht. Der Faschismus, seine Vorboten und Nachwirkungen, ist und bleibt Rahmenthema der Romane und großen Erzählungen (vgl. nur das späte autobiographische Projekt der Franz-Kien-Geschichten). Die frühe Ablehnung der bildungsbürgerlichen Bedeutungsprosa mündet in eine »Poetik der Beschreibung« (*Mein Lesebuch oder Lehrbuch der Beschreibungen*, 1978), die Deskription als eigentlichen Realismus und damit als Humanismus versteht. Im einprägsamen Bonmot »art is about buttons« (Idris Parry) konzentriert er die Überlegungen von Beschreibung statt Analyse, von »kalter artistischer Aktion« der Kunst als Organisierung ihres Materials (»linguistisches Experiment« in der Fiktion), von Ästhetik als Engagement, das in der Fiktion die ideologische Deformation der Wirklichkeit freilegt (und damit des engagierten öffentlichen Auftritts ihres Autors so recht nicht mehr bedarf).

Dieses für die literarische Moderne grundlegende Verfahren, das letztlich vor der Schwierigkeit, den Gegenstand angemessen zu versprachlichen, kapituliert und den poetischen Reduktionismus einschließlich der Probleme des Beschreibens auf den Schild hebt, speist sich im Fall Andersch aus den Werken der italienischen Neorealisten, aus Sartre und Hemingway und aus Ernst Jünger. Mit ihm hat sich Andersch 40 Jahre lang beschäftigt. Seine Rezensionen lesen sich als Bausteine der eigenen Ästhetik (vgl. die beiden Arbeiten aus den 70er Jahren: Amrisweiler Rede, 1971, und Achtzig und Jünger, 1975, in: Öffentlicher Brief, S. 71-107). Das Modell der Deskription gewinnt für Andersch durch Jünger wirkungsästhetisch überschüssige assoziative und konnotative Qualitäten. Die unter dem Gesichtspunkt realistischer Schreibweise komplizierte, nicht immer zirkelschlußfreie Annäherung an Jünger ist nur die eine Seite dieser einseitigen emphatischen Beziehung. Jüngers konservativ-revolutionären bzw. präfaschistischen ideologischen Standort (*Stahlgewitter, Arbeiter*) hat Andersch nie verschwiegen, jedoch ebenfalls nie zur Richtschnur seiner Haltung gemacht. Jüngers »Selbstreinigung« gründet im Ästhetischen, in der künstlerischen Meisterschaft, denn diese sei »identisch [...] mit Gegnerschaft zum Nationalsozialismus«, so Andersch bereits 1948 (Andersch Lesebuch, S. 119).

Schütz hat dazu eine anregende Überlegung beigebracht. Jünger sei Andersch »im Entscheidenden [...] deshalb so wichtig, weil er eine exemplarische Figur des Rückzugs aus Politik in Ästhetik ist, das Problem also, das ihn selbst zentral berührt.« (Schütz 1980 a, S. 109) Wolfgang Koeppen nannte die »überraschende

Konstellation an Deutschlands literarischem Himmel« denn auch »nicht politisch; es ist die Anziehung der Meister.« (Koeppen, in: Merkur, Jg. 18/1974, S. 1175 ff.) Koeppen selbst wiederum ist für Andersch der andere Pol zu Jünger. »An ihm behauptet er das eminent Politische in der rigoros zurückgezogenen, radikalen Existenz in der Literatur.« (Schütz, ebd.)

»Choreographie des politischen Augenblicks« betitelte Andersch 1955 eine Rezension zu Koeppens *Der Tod in Rom* (Ein neuer Scheiterhaufen, S. 26-33). Sie trifft auch das Programm der literarischen Fiktion *Winterspelt*. Das real existierende Eifeldorf ist 1944 Schauplatz des Plans des konservativen Wehrmachtsoffiziers Dincklage, das ihm unterstellte Bataillon kampflos den Amerikanern zu übergeben. Die Lehrerin Käthe Lenk, der Kommunist Hainstock, der Kunsthistoriker Schefold, der Gefreite Reidel sind Figuren, die aus unterschiedlichen Motiven und mit verschiedenen Absichten an diesem Plan beteiligt sind. In einer »Orgie von Komposition« (Andersch) und dennoch einem artistischen »Kammerspiel« (Andersch) betont er die Frage nach den versäumten Möglichkeiten deutscher Geschichte – in fragendem Erzählen, in gezielter Verknüpfung von historischen Fakten und fiktionalem Spiel, von dokumentarischen »Biogrammen« biographischer, sozialer, politischer Art und psychologischer Individualisierung ethischer, politischer, ästhetischer Impulse, die »Rätselhaftigkeit« der Figuren fordernd. Schreiben als Gegenentwurf gegen die »Lehre von den vollzogenen Tatsachen« (Der Seesack, in: Andersch Lesebuch, S. 93), als Aufbewahrung von Möglichkeiten ist eingelassen in einen geschichtsphilosophischen Diskurs zwischen Marxismus (Winterspelt, S. 260), Sartres Freiheitskonzeption (ebd., S. 494) und Spinozas »Ethik« vom sozietiven Handeln (ebd., S. 336 f.). Die Mobilisierung gegen die Faktizitäten ergreift auch den Leser, der durch die auktoriale Variante montierten Erzählens, das sich selbst reflektiert (und Adornos Einwände gegen die Montage mit verarbeitet), distanziert und einbezogen und am Schluß vor die Entscheidung gestellt wird: »Wählen Sie, welche Lösung Ihnen als die glaubwürdigste erscheint« (ebd., S. 578). Das Mögliche wird so wirklich, programmatisch gefaßt im Bild »Polyphon umgrenztes Weiss« (1930) von Ernst Klee (ebd., S. 270). Die Kunst fungiert hier als konkrete Utopie, nicht als Modell wie der »Lesende Klosterschüler«, nicht als Widerspiegelung wie in *Efraim*. Das Zeichenhafte des Klee-Bildes bringt Käthe zur Sprache, die einzige Person im Roman, die nicht durch andere relativiert wird. Sie weiß, worauf es ankommt: »Das Bild ist ein Plan« (Winterspelt, S. 271). Diesem Satz folgt ein Klee-Zitat: »Die polyphone Malerei ist der Musik dadurch überlegen, als das Zeitliche hier mehr ein Räumliches ist. Der Begriff der Gleichzeitigkeit tritt hier noch reicher hervor.« (ebd., S. 272) Die Romankonstruktion folgt der »Polyphonie« in unerschöpflicher Vielfalt kombinierter Mischungen von Fiktion und Dokument und konstituiert so eine Objektivität des fiktionalen Modells, das als nicht zu vergessene Realität nicht zuletzt im »Bild« als »Plan« existiert – im Gegensatz zu Dincklages Plan, der nur ein historischer Potentialis ist. Zwar wird Schefold, der den Klee vor den Häschern der »entarteten Kunst« rettete, am Schluß von Reidel erschossen, doch seine Idee vom »Samenkorn«, woraus »eine neue Stadt wachsen« könnte (ebd., S. 534), ist die neue Wirklichkeit gegen die noch übermächtige Realität Winterspelt, die bereits der fiktiven Korrektur unterzogen ist.

Angesichts dieses komplexen und transparenten Romangebildes mußte Anderschs Gedicht *artikel 3 (3)* (1976) fremd und schockierend wirken. Die Fassungslosigkeit der öffentlichen Feuilletonmeinung ist denn auch nicht hoch genug anzusetzen (vgl. Andersch Lesebuch, S. 371-402). In schwach rhythmisierter Prosa faßt Andersch Judenvernichtung und Berufsverbotepraxis (»Radikalenerlaß«) in der Bundesrepublik zusammen. In einem Gedicht zu *Winterspelt* schreibt er über seine Figuren: »[...] sind / offene Figuren // keine Ahnung / was das für Leute / sind // wüßte ich's / hätt' ich sie nicht / beschrieben // [...] weiß nichteinmal / wer ich bin / und will's auch gar nicht / so genau wissen« (empört euch der himmel ist blau, S. 101). Scherpe wagt dennoch eine Erklärung. Anderschs Ästhetik und ihr Verfahren stellt er »pauschal betrachtet« in den Zusammenhang der Krise des bürgerlichen Subjekts, das seines Vermögens, handelnd einzugreifen, verlustig gegangen ist. Humanistisches Engagement verdankt sich gerade der Desillusionierung über den Bildungshumanismus des Bürgertums (Auschwitz im »Land der Dichter und Denker«). Notwendigerweise ist damit auch die Sicherung durch das »gutbürgerliche Einverständnis« aufgegeben. »Der in die Kunst zurückgenommene Handlungswille entfaltet eine unermüdliche Dynamik, sich zu exponieren, eine besondere Energie, gerade im Rückzug auf die dem öffentlichen Diskurs fremde Sprache des Künstlers in die politische Öffentlichkeit hineinzuwirken.« (Scherpe 1983, S. 23)

In der späten (1977) vordergründigen Paradoxie der Zeile »Meine Himbeeren und Peter Paul Zahl« behauptet Andersch gerade gegen die Beliebigkeit postmoderner Verweisungen der prinzipiellen Bedeutungslosigkeit eine den anthropozentrischen Traditionen der Aufklärung verpflichtete Subjektivität und einen politischen Humanismus, der sich, wenn nötig, gehörig zu Wort meldet, wissend, daß nicht zuletzt die Kunst in der Aufhebung der falschen Alternative von Fakt und Fiktion und in der Multiperspektivität ihrer Erkenntnisse Gültiges über den Menschen und sein Verhalten zur Welt und in der Welt aussagt.

5 Zur Rezeptionsgeschichte

Einen guten Überblick über allgemeine Darstellungen und Rezensionen im Tagesfeuilleton bietet die von G. Haffmans bei Diogenes besorgte Zusammenstellung »Über Alfred Andersch« (Zürich 1987). Sie enthält neben Texten (erfaßt bis 1985) zu den Werken Anderschs auch die großen Interviews mit Andersch von Enzensberger (1974), Heißenbüttel/Lehner (1974) und Stumm (1976) sowie die wichtigsten Nachrufe, zudem eine Werkbibliographie und eine Bibliographie der Kritik.

5.1 Zeitgenössische Rezeption

Ein »innerliches Buch«?

Als der Roman im Jahre 1957 erschien, vereinnahmten ihn flugs die autorisierten Kritiker und Didaktiker für schulische Zwecke. Abgesehen von der üblichen zeitlichen Spanne, die damals Gegenwartsliteratur benötigte, um als Schullektüre für geeignet, d. h. für würdig und für ungefährlich befunden zu werden, ist das Verfahren im Falle *Sansibar* um so auffälliger. Gerade wegen seines breiten publizistischen Engagements galt Andersch im dominierenden Bewußtsein der Adenauer-Zeit eher als oppositioneller Querulant denn im geläufigen Sinne als anerkannter Dichter. Daß er dem Literaturbetrieb den Rücken kehrte und sich in die Schweizer Berge zurückzog, mag die Vorstellung, hier habe sich ein intellektueller Quälgeist geläutert und zur »reinen« Kunst gefunden, gefördert und die Rezeption *Sansibars* als »Kunstwerk«, »Zauber«, »Poesie« und »innerliches Buch« (A. Muschg) mit beeinflußt haben. Andersch erfuhr als lobende Kritik, was er selbst zuvor als »kalligraphisch«, zumindest »ästhetizistisch« attackiert hatte. Friedrich Sieburg, maßgeblicher konservativer Literaturkritiker und häufiger publizistischer Antipode Anderschs, wurde zum Kronzeugen für dessen Aufnahme in die herrschende ästhetische Norm und seine Eingliederung in die Konzeption autonomer Kunst. »Ein sehnsüchtiges Verlangen nach der Erlösung durch das vollkommene Wort durchzieht diesen Roman. Aus dem endgültigen Verzicht auf die direkte Aktion erwachsen die dichterischen Regungen und rechtfertigen den Gebrauch der literarischen Form. Die Welt wird nicht mehr verändert, sondern verwandelt.« (in: Frankfurter Allgemeine Zeitung, 5. 10. 1957, Literaturbeilage) Sieburgs stellvertretende Ignoranz gegenüber dem geschichtlichen Stoff war erst recht blind für die vermittelten Bezüge zur gesellschaftlichen Wirklichkeit, wie sie damals nur wenige Kritikerkollegen – wie H. Heißenbüttel und A. Schmidt – sahen, nicht zuletzt wegen der intimen Kenntnis der biographischen Befindlichkeit Anderschs. Die auf den ersten Blick wenig greifbare Zeitkritik in *Sansibar*, im Gegensatz zu den spektakulären Varianten bei Böll, Grass oder Walser, und die generalisierende Abstraktion der Faschismusvertreter in der Stereotype der »Anderen«, nicht zuletzt das ideale Paradigma von »Sinn« in der ästhetischen Repräsentanz des

»Lesenden Klosterschülers« als Kunstwerk erleichterten es der politischen und ästhetischen Disposition der konservativen Rezipienten weitgehend, die Bestätigung der eigenen ästhetischen Vorgaben wahrzunehmen und zu behaupten, wie ebenso die grundlegenden innen- und außenpolitischen Weichenstellungen in den frühen 50er Jahren eine andere – genehme – Andersch-Wertung erlaubten und nahelegten, gegen die moralische Fadheit der Trümmerliteratur, gegen die besserwisserische Restaurationskritik, gegen die didaktische Vordergründigkeit Brechtscher Lehrstücke, für das bedürftige Verlangen nach Moral und Poesie in der Kunst – wohl auch, weil sie die Politik der Zeit entbehrte.

Bezeichnenderweise wird die politische Neutralisierung *Sansibars* gegen die ausgewiesenen theoretischen und narrativen Positionsbestimmungen Anderschs im Zeichen der »Moderne« betrieben, die allerdings zumeist behauptet, kaum nachgewiesen wird, eher dem Mißverständnis folgend, wonach »modern« die – in diesem Falle – erzählerische Umsetzung moderner Wirklichkeit nicht die moderne Umsetzung einer Wirklichkeit ist. »Hier wird nicht geschrieben, weil die Ereiferung über das, was damals in Deutschland geschah, sich Luft schaffen wollte [...], [hier wird alles] in eine höhere und erlösende Wirklichkeit versetzt, ein Kunstwerk ist entstanden«, heißt es in der »Gegenwart« vom 2. 11. 1957. Das inhaltsästhetische Mißverständnis ignoriert nicht nur Anderschs erfolgreiches und immer wieder durchdachtes Bemühen der »Transposition von Analyse in Erzählung«, sondern es verwässerte auch die aktuellen Implikationen des Textes zu einem zeitlosen Gleichnis, ganz im Sinne der zeitlosen Werthaltigkeit deutscher Literaturkritik, die traditionell den politischen Moralisten gegen den Dichter ausspielt. Gerade Anderschs souveräner Umgang mit modernen Gestaltungsmitteln entspricht in besonderem Maße der Isolations-, Freiheits- und Kunstproblematik des Textes. Die Handhabung der personalen Erzählperspektive, die Technik der dramatischen Verknüpfung, Einsatz und Funktion des Bewußtseinsstromes – des inneren Monologs und der erlebten Rede – rekonstruieren und variieren auf der Produktions- und Werkebene die den Text über weite Strecken dominierende (existentialistische) Einsamkeitsmetapher, ebenso wie die herrschende zeitgenössische Rezeption Anderschs werkbiographische Situation im Lichte der kongenialen Schmidtschen Sichtweise noch einmal verdeutlicht.

Die partielle autobiographische Grundierung der Figur Gregor betrifft nicht nur Anderschs geschichtliches Erleben im Faschismus, sondern auch seine gegenwärtige Teilnahme und Erfahrung als verantwortungsvoller Intellektueller und Dichter in der Bundesrepublik der 50er Jahre, deren Identitätsfindung in der Spannung von politischer Moral und gelungenem Kunstwerk schwierig und problembeladen war, ähnlich Gregors Kampf zwischen ästhetischer Irritierbarkeit, persönlichem Freiheitsstreben und menschlicher Verantwortung (und die bei beiden im entschiedenen Antifaschismus mündend sich behauptet).

Pointiert setzt sich Arno Schmidt noch im Herbst 1957 mit der »ästhetizistischen« Kritik auseinander:

»Zuvor noch dieses: ein sehr bekannter Kritiker hat sich berufen gefühlt, *Sansibar* u. a. folgende wohlmeinende Beiworte zu erteilen:

›In Schönheit aufgelöste Trauer‹; ein ›nobler Geist‹; ›ein unaufdringliches Gleichnis‹; ›tröstlich‹; ›ein innerliches Buch‹ – vielleicht wird diese Perlenschnur grotesker Fehlurteile begreiflicher, wenn ich hinzusetze, daß der Betreffende Schweizer ist; d. h. unbekannt mit der mitteleuropäischen Realität.

›In Schönheit aufgelöste Trauer‹?: so sagt meine Waschfrau auch, wenn Grace Kelly auf der Leinwand ›nölt‹ (ein Wort aus *Sansibar* selbst). Ein ›nobler Geist‹?: gottlob heißt der Verfasser mitnichten ›von Andersch‹; bei uns sind – zumindest in Kennerkreisen – Adels- und andere Prädikate immer verdächtig (weil fast unvermeidlich auf begrenzte Kenntnis der Realität hindeutend)! Ein ›unaufdringliches Gleichnis‹?: selten las ich eine aufdringlichere Abbildung der Wirklichkeit; in Gleichnissen spricht nur der Feigling! ›Tröstlich‹?: gewiß, etwas mit ›Trost‹ ist es: aber bestenfalls ›trostlos‹! Und ein ›innerliches Buch‹?: wohl uns, daß es kalt und aufs erhabenste sachlich, die Außenwelt nicht umgeht! [. . .]

Und die sechs Gestalten – alle andern bleiben angemessene Schattenhaftigkeiten – haben kein anderes Anliegen, als Deutschland zu verlassen.

[. . .]

Es gehen Kunst und Wissenschaft, unverhüllt verkörpert im Bild des Lesenden. – Was übrig bleibt, ist Deutschland, das-Land-aus-dem-man-flüchtet.

Nichts zu sagen von den eingehend beschriebenen Techniken erzwungen-vorbedachter Emigration, wie nachdenklich, daß ein solches Buch gerade heute erscheint.

Wie aufschlußreich!

Denn – trommeln wir doch nicht auf unsere Brüste, sondern schlagen wir daran! –: auch bei uns ist wieder die KPD verboten. Auch bei uns werden schon wieder jüdische Friedhöfe geschändet. Auch bei uns geht allenthalben wieder ›Uniformiertes Fleisch‹ um. Auch ›uns‹ gilt – man sei doch ehrlich – Barlach oder Expressionismus längst wieder als ›entartete Kunst‹!

Macht man sich denn in allen Kreisen keine Gedanken darüber:

Warum wohl der große Einstein emigrieren mußte; und 45 *nicht* nach Deutschland zurückkehrte?

Warum Thomas Mann (der nach Europa zurückkam) *mitnichten* seinen Wohnsitz am Brunnquell westdeutschen Geistes, in Bonn, aufschlug; sondern lieber in der Schweiz blieb?

Warum Hermann Hesse – ich wähle, es ist dem Bürgertum eindrucksvoller, deutsche Nobelpreisträger – still in seinem Tessin blieb?

Denn es genügt nicht ganz, wenn ein Land von sich rühmen kann, daß es die *Wiege* großer Männer war; es muß auch noch den Nachweis erbringen, daß es ihr *Grab* zeigen kann – und selbst *das* ist wertlos, wenn die verehrend dorthin Pilgernden immer wieder nach irgendeinem Buchenwald gewiesen werden!

›In Schönheit aufgelöste Trauer‹?: Ich, ein Deutscher, will Herrn Professor Doktor Muschg sagen, was Anderschs großes Buch von *Sansibar* meiner Meinung nach ist:

Eine sachlich unwiderlegbare Anklage gegen Deutschland. Eine Warnung ›an alle, die es angeht‹. Unterricht in (ja, fast Anleitung zur) Flucht als Protest. Vorzeichen einer neuerlichen, nur durch ein Wunder noch aufzuhaltenden Emigration aller Geistigkeit (aber wohin heute?!). Ein Mißtrauensvotum ersten Ranges gegen unser behäbig-aufgeblasenes ›Volk der Mitte‹. [. . .]« (*Arno Schmidt*, Das Land, aus dem man flüchtet. Zit. nach: Über Alfred Andersch, S. 87-91)

5.2 Zur Forschungssituation

Zur Erzähltradition und ihren Problemen bemerkt Volker Wehdeking (1983):

»Käte Hamburger [weist] auf das mögliche Vorbild Virginia Woolfs (*Mrs. Dalloway*, 1925), die Andersch in der Tat genau las und öfter zitierte, aber er besteht mit diesem Stilmittel weit stärker auf individueller Isolierung als die Engländerin.

Der interpolierte Kurzgeschichten-Zyklus des Jungen ist bis in die kommentarfreien Parataxen hinein eine *hommage* an Hemingways Nick-Adams-Geschichten (*In Our Time*, 1925), die im Understatement wie in schockierenden Lernprozessen über die brutale zwischenmenschliche Realität (›Indian Camp‹, ›The Battler‹) dem Heranwachsenden Erfahrungen existentieller Einsamkeit vermitteln. Die durchgehende Montagestruktur hat in Faulkners *As I Lay Dying* (1930) ihr exzessives Vorbild experimenteller Moderne; auch dort erreichen die 14 Perspektiven in 59 Kurzkapiteln erst in der Zusammenschau und in durchgängigen Grundsymbolen die komisch-heroische Balance, auf die es Faulkner bei der grotesken Schilderung eines Sarg-Transports über epische Distanz ankam. Wie bei Faulkner ist in *Sansibar* die personal erzählte Einzelperspektive Medium einer Sicht von innen nach außen. Burgauner hat gezeigt, wie der Autor seine Gestalten in empirischer Neugier begleitet, sie aber nicht von außen zeigt, sondern durch die Objekte ihrer Blicke: ›Ihre Augen befinden sich nicht im Scheinwerferlicht des Erzählers, sondern sie sind seine Scheinwerfer – die freilich meist nach innen gerichtet sind‹ (1965, S. 424). Die existentielle Vereinzelung geht bis in die Mikrostruktur der Sätze. In stoßenden, sich überlappenden, aus der Assoziation herausgetriebenen kleinen Einheiten bricht Andersch die Syntax noch bei den kompliziertesten Reflexionen in Parataxen auf.

Eine solche, wenn auch abgemilderte und postmoderne, Aufnahme der empirischen Erzähltradition der anglo-amerikanischen 20er und 30er Jahre, verbunden mit einer bei Thomas Mann gelernten Technik leitmotivischer Einbettung in ein dichtes Netz semantischer Bezüge, stieß in ihrer Kunstfertigkeit auf Bewunderung, aber auch Mißverständnisse. [...] Das Bedenkliche eines, durch das gestaltete Kunstwerk ›gleichsam aufgesaugten‹ Grauens, die Alibifunktion der Lektüre einer ›stilistisch untadeligen Hohen Schule des Vergessens‹ (Kay Hoff, 1957) sind Einwände auf der engagierten Gegenseite, die Adorno in jenen Jahren am konsequentesten in seiner These vom unhaltbaren Gedicht nach Auschwitz formuliert hat. Auch hier gelten, alles in allem, Mitscherlichs Befunde über die versäumte, notwendige Trauerarbeit im Steinbruch der NS-Zeit, und Anderschs hohe Meinung vom Wert des Erzählens von Menschen, das sich der Möglichkeiten der Kunst nicht begeben darf, will es auf den Leser wirken.

Adorno hat in einem langen, dialektisch mit sich ringenden, Aufsatz über ›Engagement‹ (*Noten zur Literatur 3*, 1965) noch einmal die Frage gestellt, ob Kunst angesichts der Folter überhaupt noch sein dürfe; denn ›durchs ästhetische Stilisationsprinzip [...] erscheint das unausdenkliche Schicksal doch, als hätte es irgend Sinn gehabt‹ (S. 127). Dennoch, zögernd, gesteht er sich die bleibende Relevanz von Kunst ein, für die es keinen Ersatz gibt:

›Aber jenes Leiden, nach Hegels Wort das Bewußtsein von Nöten, erheischt auch die Fortdauer von Kunst, die es verbietet; kaum wo anders findet das Leiden noch seine eigene Stimme, den Trost, der es nicht sogleich verriete. Die bedeutendsten Künstler der Epoche sind dem gefolgt. Der kompromißlose Radikalismus ihrer Werke, gerade die als formalistisch verfemten Momente, verleiht ihnen die schreckhafte Kraft ...‹ (Adorno, S. 126)« (*Volker Wehdeking*, Alfred Andersch, S. 87 f.)

Erhard Schütz (1980) setzt sich mit den Ambivalenzen und Aporien der Wirkung von Kunstwerken auseinander:

»Damit wird der Plastik im Roman jene Wirkung zugeschrieben, die jedes gelungene Kunstwerk haben soll und die, inzwischen abgegriffen, aber immer noch am pointiertesten in Rilkes Gedicht ›Archaischer Torso Apollos‹ formuliert worden ist: ›Du mußt dein Leben ändern.‹

Das Programm der Figurenkonstellation und die Bedeutung von Kunst treffen in der Wirkung der Kunstfigur zusammen: Unberechenbarkeit und Subversivität des ›selbstgegebenen Auftrags‹ in jedem terroristischen System. In den Reaktionen, die die Figur im Roman zeitigt, scheinen die Widersprüche von Theorie und Praxis, Kontemplation und Aktion gelöst.

Doch von heute aus gesehen kann der Roman diese Wirkung eben nur behaupten, sich selbst aber nicht schon zwingend durchsetzen als Buch, ›auf das es ankommt‹. Weil er die je *individuelle* Besonderheit und Entscheidung zu einem *allgemeinen* Programm erklärt, bleibt er notwendig widersprüchlich. Der Widerspruch wird sinnfällig bis ins Detail, in dem die Behauptung von Individualität und Einzigartigkeit kollidiert mit der zum Zweck der Beweisführung hergestellten Typisierung: Als Gregor Judith erstmals wahrnimmt, registriert er ›eines jener jungen jüdischen Gesichter [...]. Dieses hier war ein besonders schönes Exemplar‹. Das wird zwar sofort zurückgenommen in der Überlegung, es sei ›auf undefinierbare Weise‹ von den bekannten unterschieden (S. 59), aber der Zusammenhang von Typus und Individualität ist darin doch nur behauptet, nicht schon dargestellt.

In der strikten Abstraktion der Figuren des NS-Terrors zum stereotypen Begriff der ›Anderen‹ (Ein Verfahren, das Peter Bamm 1952 schon in der ›Unsichtbaren Flagge‹ gewählt hatte) wird das Dilemma generalisiert. Indem ihnen jede Individualität abgesprochen wird, besonders charakteristisch: ›Fleisch in Uniform‹ (S. 154), heben sie zwar die Individualität der Hauptfiguren hervor, aber lassen darin ein wesentliches Moment der historischen Voraussetzung des Terrors unberücksichtigt außer sich: Denn inzwischen haben ja eine Reihe von Untersuchungen darauf insistiert, daß entscheidend die faschistische ›Bewegung‹ von dem konstituiert wurde, was in abstrakten Bewegungsgesetzen nicht aufging: das Ungleichzeitige der verborgenen Subjektivität und die Suche nach ›Sinn‹, die auf sinnliche Repräsentanz fixiert war.

In *Sansibar* nun ist die ästhetische Repräsentation von ›Sinn‹ im bedeutenden Kunstwerk konzentriert. Dadurch ist der Roman für eine Generation, die sich ihre ethischen Normen aus problematischer Erfahrung der Vergangenheit heraus nicht mehr von den Kirchen, gar politischen Parteien vorgeben lassen wollte, zum Buch geworden, ›auf das es ankommt‹: weil es ihr bestätigte, was sie faktisch schon tat – in der Kunst die rechtfertigende Anleitung zur individuellen Entscheidung des richtigen Lebens zu suchen. Konsequent betrieben, hatte das zur Folge, daß die Versprechung des Kunstwerks, durch Versenkung zum Auf- und Davongehen in die Aktion, zum richtigen Handeln führen können, eben blieb, was sie nur sein konnte: Versprechung. Denn je größer die Sensibilität und Einsicht, die das Kunstwerk vermittelt, desto größer wird auch die Diskrepanz zur Alltagsrealität und dem Leben ringsum. Desto nötiger ist wiederum Kunst, die allein diese Diskrepanz in der Vielfalt ihrer sinnlichen und reflektorischen Bestimmungen fassen kann – und so fort...

Anderschs eigener Weg in die zunehmende Isolation der künstlerischen Produktion macht das sinnfällig, und die in der Folgezeit entstandenen Werke tragen diesen Konflikt in sich selbst aus, oder, wo das nicht gelang, tragen sie seine widersprüchlichen Spuren sichtbar an sich.« (*Erhard Schütz*, Alfred Andersch [a], S. 55-57)

Irène Heidelberger-Leonard (1986) sieht die Rolle der Kunst im Werk Anderschs wie folgt:

»*Sansibar, Efraim, Winterspelt*, es sind somit drei Stationen eines Reifungsprozesses. Die Rolle, die der Kunst dabei jeweils zufällt – vom Modell, zur Widerspiegelung, zur Utopie – ist einem Schrumpfungsprozeß zum Verwechseln ähnlich, aber der Schein trügt. Je mehr sich die Wirklichkeit in Anderschs Romanwerk ausbreitet, umso dringlicher ist die Forderung an die Kunst, die als einzige Kraft, – es sei hier noch einmal an Schefolds Vision einer ›großen und freien Internationale aller Künstler aller Zeiten und Länder, die im Dienste einer höheren Idee vom Menschen steht ...‹ (*Winterspelt*, S. 475) erinnert – mit ihrer Imagination sich der Fatalität der Geschichte entgegenstellen kann und muß. In *Winterspelt* ist die Kunst nicht mehr nur vorbildhaftes und vorgebildetes Ziel, das eine ihm entsprechende Wirklichkeit nach sich zieht; vielmehr infiltriert sich die Kunst als bessere Möglichkeit in eine schon existierende Wirklichkeit, indem sie sich gleichzeitig zu ihr als Akt des Denkens in Opposition verhält. Im Bündnis *mit* der Wirklichkeit, denkt sie *gegen* sie.

Die Struktur der Kunstwerke, die einprägsame Holzschnittskulptur Barlachs einerseits, die sehr viel komplexere Struktur des nuancenreichen Rechteckgebildes von Klee andererseits spiegeln die extremen Pole der jeweiligen Romanstrukturen wider. Im ersten Werk verläuft die Problemlösung fast gradlinig, fast märchenhaft auf ein Gelingen zu, wobei die Gegenposition eher schattenhaft bleibt. Im letzten Werk ist die Gegenposition immer gegenwärtig. Die Konstellationen erscheinen vielschichtiger. Den Farbnuancen entspricht die Nuanciertheit der Charaktere, ihre Gebrochenheit, wie auch ihre Verständigungsschwierigkeiten untereinander. Durch die Dokumentencollage wird das Ausmaß des Widerstandes faktisch belegt, so daß *Winterspelt* in sich schon die Möglichkeit des Scheiterns enthält. Gerade deshalb wird die Kunst in diesem letzten Roman zum unerläßlichen Widerpart der Wirklichkeit.« (*Irène Heidelberger-Leonard*, Alfred Andersch, S. 294)

Ursula Reinhold (1987) mag als Beispiel für eine veränderte Auseinandersetzung der DDR-Literaturwissenschaft mit Andersch gelten. In der Behauptung einer spezifischen Position ist sie kritisch gegenüber Versuchen, Andersch als »Renegaten« mit falschen Maßstäben zu messen:

»Andersch hat den Zuschnitt seiner Figuren deshalb so gewählt, weil es ihm auf die thematische Durchführung der Freiheitsproblematik ankommt. Hier wie in den *Kirschen der Freiheit* manifestiert er seine existentialistisch geprägte Freiheitsauffassung, die besagt, daß sich individuelle Freiheit nur in einer Absage an politische, weltanschauliche und institutionelle Bindungen verwirklicht. Dem Anspruch auf Freiheit muß sich allerdings Verantwortung vor dem Nächsten gesellen. Nicht zutreffend ist die in der bürgerlichen Sekundärliteratur zu findende Behauptung, daß diese Freiheit stets mit Flucht in die Bindungslosigkeit identisch gesetzt ist. Allerdings konkretisiert sich durch das Zerbrechen von Bindungen, durch die Flucht aus bestimmten geschichtlich bedingten Verkettungen dieser Freiheitsbegriff. In *Sansibar oder der letzte Grund* ist die Flucht historisch konkret und Konfliktebene des Romans. Aber die Flucht erscheint nicht als Wert an sich, sondern sie steht im Zusammenhang zu mitmenschlicher Verantwortung.

Mit dem Thema von *Sansibar oder der letzte Grund* steht Andersch in der Literatur der fünfziger Jahre in der Bundesrepublik ziemlich einzigartig da. Krieg und Faschismus waren von Heinrich Böll, Hans Werner Richter, Walter Kolbenhoff und Paul Schallück, Siegfried Lenz u. a. vor allem aus der Perspektive und Erlebniswelt des verführten Soldaten der faschistischen Armee dargestellt worden, der einen schrittweisen Desillusionierungsprozeß durchmacht. Die Gestaltung einer direkten antifaschistischen Widerstandsaktion ist gegen die herrschende Verdrängung der faschistischen Vergangenheit und der Mitschuld an ihr gerichtet und trägt den Charakter einer moralischen Aufforderung. Auch mit der Darstellung von Kommunisten bzw. solchen, die sich von ihrer Partei distanziert haben, hebt sich Andersch innerhalb der westdeutschen Literatur heraus. Er begründet für sein Werk damit eine Tradition, auf die er in allen seinen Romanen, von der *Roten*, über *Efraim* bis zu *Winterspelt*, zurückkommt und die beweist, daß seine zeitweilige Beziehung zur kommunistischen Bewegung tiefe Spuren hinterlassen hat und ihn bis zum Ende seines Lebens beschäftigte.

Die von Andersch gekennzeichneten kommunistischen Intellektuellen treten, ohne ihren politischen Standort eines entschiedenen Antifaschismus zu verlassen, in dem Maße aus der organisierten Bewegung heraus, indem sie in der Begegnung mit der Kunst ein höheres Maß an intellektueller Unabhängigkeit und innerer Freiheit gewinnen. Es wiederholt sich damit eine Konstellation, wie sie bereits in *Kirschen der Freiheit* beschrieben wird. Die Sicht auf kommunistische Gestalten ist selbstverständlich mitgeprägt vom herrschenden ideologischen Klima der Bundesrepublik und insofern auch ein aufschlußreiches Indiz für die geistige Situation dieser Zeit. Andersch bewegte sich mit diesen Darstellungen an der Grenze zu einem mißbrauchbaren Antikommunismus. Die zeitgenössische Kritik der DDR verwies seinen Roman *Sansibar oder der letzte Grund* in den Bereich der Renegatenliteratur. Gegenüber dieser Einschätzung ist es wichtig zu betonen, daß sein Engagement innerhalb der kommunistischen Jugendbewegung vorübergehend war, und für die Darstellung seiner Figuren wäre hervorzuheben, daß ihre Distanzierung von der kommunistischen Partei nicht mit einer generellen Wende der politischen Überzeugungen und des entsprechenden Handelns verbunden ist.« (*Ursula Reinhold*, Alfred Andersch, S. 132-135)

6 Literaturverzeichnis

1. Andersch-Werke

1.1 Andersch-Werkausgabe in Einzelbänden. Zürich (Diogenes) I, 1-14

Die Kirschen der Freiheit. Ein Bericht. Zürich 1968.

Sansibar oder der letzte Grund. Roman = Werkausgabe Band 2. Zürich 1970 = detebe 20055.

Hörspiele. Zürich 1973.

Geister und Leute. Zehn Geschichten. Zürich 1974.

Die Rote. Roman. Zürich 1974.

Ein Liebhaber des Halbschattens. Drei Erzählungen. Zürich 1974.

Efraim. Roman. Zürich 1976.

Mein Verschwinden in Providence. Neun Erzählungen. Zürich 1971, 1979.

Winterspelt. Roman. Zürich 1974, 1977.

Aus einem römischen Winter. Reisebilder. Zürich 1979.

Die Blindheit des Kunstwerks. Literarische Essays und Aufsätze. Zürich 1979.

Ein neuer Scheiterhaufen für alte Ketzer. Kritiken und Rezensionen. Zürich 1972, 1979.

Öffentlicher Brief an einen sowjetischen Schriftsteller, das Überholte betreffend. Reportagen und Aufsätze. Zürich 1977.

Neue Hörspiele. Zürich 1979.

1.2 Weitere Andersch-Werke

Hohe Breitengrade oder Nachrichten von der Grenze. Ein Reisebericht. Zürich 1969.

Norden Süden rechts und links. Von Reisen und Büchern 1951-1971. Zürich 1972.

empört euch der himmel ist blau. Gedichte und Nachdichtungen 1946-1977. Zürich 1977.

Der Seesack/Aus einer Autobiographie. In: Literaturmagazin 7. Hg. v. *Nicolas Born* und *Jürgen Manthey*. Reinbek 1977, S. 116-133.

Einige Zeichnungen. Graphische Thesen. Zürich 1977.

Mein Lesebuch oder Lehrbuch der Beschreibungen. Frankfurt/M. 1978.

Das Alfred Andersch Lesebuch. Ein Querschnitt durch das Gesamtwerk. Hg. v. *Gerd Haffmans*. Zürich 1979.

Der Vater eines Mörders. Erzählung. Zürich 1980.

Flucht in Etrurien. Drei Erzählungen aus dem Nachlaß. Zürich 1981.

Gesammelte Erzählungen. Zürich 1983.

»... einmal wirklich leben«. Ein Tagebuch in Briefen an Hedwig Andersch 1943-1975. Zürich 1984.

Wanderungen im Norden. Reisebericht. Zürich 1984.

Der Briefwechsel mit Arno Schmidt. Hg. v. *Bernd Rauschenbach*. Zürich 1985.

Erinnerte Gestalten. Frühe Erzählungen. Zürich 1990.

1.3 Posthum erschienene Werke bzw. Werke bis 1945

Jahre in Zügen. Ein Bericht. In: Der Ruf 1, 1946, S. 9-12.
(Laut Andersch in der Nullnummer der »Verlorenen Generationen« [In: *Jérôme Vaillant*. Der Ruf. München 1978, S. 222] bereits 1943 begonnen und im POW-Lager fertiggeschrieben.)

Fräulein Christine. In: *Volker C. Wehdeking*. Der Nullpunkt. Stuttgart 1971, S. 201-203; Der Ruf, USA, 15. 6. 1945, S. 6.
Böse Träume und Gedichte aus dem Nachlaß. In: Tintenfaß 2, 1981, S. 43-78.
Philosophisches Märchen. In: Tintenfaß 4, 1981, S. 99-101.
Interview von Peter Dahl und Rüdiger Kremer. In: Konkret, 1980, S. 38 ff.

2. Allgemeine Literatur zu Andersch

Alfred Andersch. Text und Kritik, H. 61/62. Hg. v. *Heinz Ludwig Arnold*. München 1979.
Bienek, Horst: Werkstattgespräche mit Schriftstellern. München 1962, S. 113-124.
Bühlmann, Alfons: In der Faszination der Freiheit. Eine Untersuchung zur Struktur der Grundthematik im Werk von Alfred Andersch. Berlin 1973.
Burgauner, Christoph: Zur Romankunst Alfred Anderschs. In: Alfred Andersch: Bericht. Roman. Erzählungen. Olten 1965, S. 419-455.
Demetz, Peter: Alfred Andersch oder die Krise des Engagements. Der Essayist. In: Merkur, Stuttgart, 20. Jg., 1966, S. 675-679.
Drewitz, Ingeborg: Alfred Andersch oder die Krise des Engagements. Der Erzähler. In: Merkur, Stuttgart, 20. Jg., 1966, S. 669-675.
Fries, Ulrich / Peters, Günter: Zum Verhältnis von Kunsttheorie und ästhetischer Praxis bei Alfred Andersch. In: Text + Kritik, H. 61/62, 1979, S. 27-53.
Frisch, Max: Laudatio auf Alfred Andersch. In: Süddeutsche Zeitung, 17./18. 3. 1979.
Fuchs, Gerd: Alfred Andersch wird 65. In: Deutsche Volkszeitung, 1. 2. 1979.
Gehring, Hansjörg: Amerikanische Literaturpolitik in Deutschland 1945-1953. Ein Aspekt des Re-Educations-Programms. Stuttgart 1976.
Geulen, Hans: Alfred Andersch. Probleme der dargestellten Erfahrung des »deutschen Irrtums«. In: Gegenwartsliteratur und Drittes Reich. Hg. v. *Klaus Wagener*. Stuttgart 1977, S. 205-221.
Heidelberger-Leonard, Irène: Alfred Andersch. Die ästhetische Position als politisches Gewissen. Literarhistorische Untersuchungen, Bd. 4. Hg. v. *Theo Buck*. Frankfurt/M., New York 1986.
Heidelberger-Leonhard, Irène/Wehdeking, Volker (Hg.): Alfred Andersch. Perspektiven zu Leben und Werk. Opladen 1994.
Jendricke, Bernhard: Alfred Andersch. Reinbek 1988.
John, Guy David: Die Problematik des Intellektuellen im Werk von Alfred Andersch. Diss. Zürich 1977.
Kesting, Hanjo: Radikalität und konservative Ironie. Überlegungen zum Spätwerk von Alfred Andersch. Norddeutscher Rundfunk Hamburg, 11. 2. 1975 (auch in: Die Horen, 25. Jg., 1980, Bd. 1, S. 112-117).
Kesting, Hanjo: Die Flucht vor dem Schicksal. Über den Schriftsteller Alfred Andersch. In: Text + Kritik, H. 61/62, 1979, S. 3-22.
Koeppen, Wolfgang: Mein Freund Alfred Andersch. In: Zu Alfred Andersch. Hg. v. *Volker Wehdeking*. Stuttgart 1983, S. 9-12.
Kröll, Friedhelm: Gruppe 47. Stuttgart 1979.
Lettau, Reinhard (Hg.): Die Gruppe 47. Ein Handbuch. Neuwied, Berlin 1967.
Liebe, Matthias: Alfred Andersch und sein Radio-Essay. Bern, New York, Paris 1990.
Mayer, Hans: Zur deutschen Literatur der Zeit. Reinbek 1967.
Neunzig, Hans A. (Hg.): Hans Werner Richter und die Gruppe 47. München 1979.

Pischdovdjian, Hrair: Menschenbild und Erzähltechnik in Alfred Anderschs Werken. Diss. Zürich 1976.
Quack, J.: Alfred Andersch ein literarischer Nominalist. In: Neue deutsche Hefte. Beiträge zur europäischen Gegenwart, 32, 1985, S. 717-732.
Reich-Ranicki, Marcel: Deutsche Literatur in West und Ost. Prosa seit 1945. München 1963.
Reinhardt, Stephan: Alfred Andersch. Eine Biographie. Zürich 1990.
Reinhold, Ursula: Alfred Andersch. Politisches Engagement und literarische Wirksamkeit. Berlin/DDR 1987.
Richter, Hans W.: »Einmal so berühmt sein ...« Erinnerungen an Alfred Andersch. In: Süddeutsche Zeitung, 8./9. 2. 1986.
Russ, C. A. H.: The Work of Alfred Andersch. An Appreciation. In: Modern Languages, Vol. 58, Nr. 3, September 1977, S. 134-142.
Schäfer, Hans-Dieter: Die nichtfaschistische Literatur der »jungen Generation« im Nationalsozialistischen Deutschland. In: Die deutsche Literatur im Dritten Reich. Themen – Traditionen – Wirkungen. Hg. v. *Horst Denkler* und *Karl Prümm*. Stuttgart 1976.
Scherpe, Klaus R.: »Dieses Gefühl einer Lücke«. Neue Romane von Christa Wolf, Alfred Andersch und Peter Weiss als Muster antifaschistischer Literatur der Gegenwart. In: Antifaschistische Literatur, Bd. 3. Hg. v. *Lutz Winkler*. Königstein 1979, S. 227-253.
Scherpe, Klaus R.: »Schützt Humanismus denn vor gar nichts?« Alfred Andersch im Kontext. In: Nachkriegsliteratur, Bd. 2. Hg. v. *Jost Hermand, Helmut Peitsch* und *Klaus R. Scherpe*. Berlin 1983, S. 6-27.
Schiesser, Giaco: »Es handelt sich um einen vertrackten Anschein«. Montage, Dokument und Fiktion bei Alexander Kluge, Alfred Andersch und Otto E. Walter. In: Literatur der siebziger Jahre. Hg. v. *Gert Mattenklott* und *Gerhart Pickerodt*. Berlin 1985, S. 52-80.
Schneider, Ronald: Realismustradition und literarische Moderne: Überlegungen zu einem Epochenkonzept »Nachkriegsliteratur«. In: Der Deutschunterricht, Jg. 33, 1981, H. 3, S. 3-22.
Schonauer, Franz: Alfred Andersch. Portrait eines Schriftstellers. In: Neue Deutsche Hefte, 21, 1974, S. 544-556.
Schütz, Erhard: Alfred Andersch. München 1980. (a)
Schütz, Erhard: Alfred Andersch. In: *Erhard Schütz, Jochen Vogt* u. a.: Einführung in die deutsche Literatur des 20. Jahrhunderts, Bd. 3. Opladen 1980, S. 60-70. (b)
Über Alfred Andersch, Hg. v. *Gerd Haffmans*. Zürich ^{3}1987.
Vaillant, Jérôme: Der Ruf. Unabhängige Blätter der jungen Generation (1945-1949). Eine Zeitschrift zwischen Illusion und Anpassung. München, New York, Paris 1978.
Wehdeking, Volker: Der Nullpunkt. Über die Konstituierung der deutschen Nachkriegsliteratur in den amerikanischen Kriegsgefangenenlagern. Stuttgart 1971.
Wehdeking, Volker: Eine deutsche »Lost Generation?« Die 47er zwischen Kriegsende und Währungsreform. In: Literaturmagazin 7. Hg. v. *Nicolas Born* und *Jürgen Manthey*. Reinbek 1977, S. 145-166.
Wehdeking, Volker: Alfred Andersch. Stuttgart 1983.
Wehdeking, Volker / Blamberger, Günter: Erzählliteratur der frühen Nachkriegszeit 1945-1952. München 1990.
Wittmann, Lizia Z.: Alfred Andersch. Stuttgart 1971.
Zu Alfred Andersch. Hg. v. *Volker Wehdeking*. Stuttgart 1983.

3. Literatur zu »Sansibar«

Demetz, Peter: Alfred Andersch – Sansibar oder der letzte Grund. In: Zu Alfred Andersch. Hg. v. *Volker Wehdeking.* Stuttgart 1983.

Geißler, Rolf: Möglichkeiten des modernen deutschen Romans. Frankfurt/M. 1962.

Hamburger, Käte: Erzählformen des modernen Romans. In: Der Deutschunterricht, XI, 1959, H. 4, S. 10-14.

Heissenbüttel, Helmut: Vom letzten Grund der Politik. In: Frankfurter Hefte, XII, 1957, S. 889-890.

Müller, Fred: Alfred Andersch. Sansibar oder der letzte Grund. München 1988.

Schiller, Dieter: Stundenblätter: Alfred Andersch, »Sansibar«. Eine Einführung in den modernen Roman für Klasse 10. Stuttgart 1979.

Schmidt, Arno: Das Land, aus dem man flüchtet. In: Die andere Zeitung, Hamburg, 24. 10. 1957.

Schulz-Ojala, Jan: Alfred Andersch: Fluchtpunkt Sansibar. In: Konturen. Magazin für Sprache, Literatur und Landschaft, Ismaring, 4/1992, S. 5-12.

Sollmann, Kurt: Alfred Anderschs »Sansibar« im Unterricht. In: Sammlung 4. Jahrbuch für antifaschistische Literatur und Kunst. Hg. v. *Uwe Naumann.* Frankfurt/M. 1981, S. 156-168.

Weber, Albrecht (Hg.): Ein Roman in der Hauptschule: Alfred Andersch, »Sansibar oder der letzte Grund«. München 1974.

Welz, Dieter: Ahnungen des Glücks, des Lebens und der Freiheit. Zur strukturellen Lektüre des Sansibar-Romans von Alfred Andersch. In: Acta Germanica, Bd. 12, 1980, S. 163-184.

Zimmermann, Werner: Deutsche Prosadichtungen unseres Jahrhunderts, Bd. 2. Düsseldorf 1968.

4. Literatur zur Zeit

Backes, Klaus: Hitler und die bildende Kunst. Köln 1987.

Bahne, Siegfried: Die kommunistische Partei. In: *Erich Matthias* und *Rudolf Morsey* (Hg.): Das Ende der Parteien 1933. Königstein/Ts., Düsseldorf 1979.

Bajohr, Frank / Johe, Werner / Zohalm, Uwe (Hg.): Zivilisation und Barbarei. Die widersprüchlichen Potentiale der Moderne. Detlev Peukert zum Gedenken. Hamburg 1991.

Barlach, Ernst: Werkverzeichnis. Bearbeitet v. *Friedrich Schult,* Bd. 1. Hamburg 1959.

Beutin, Wolfgang: »Man muß sein Ich der Welt opfern, ohne sich zu verlieren, ein großes Kunststück«. Zu Leben und Werk Ernst Barlachs (1870-1938). In: Biographie als Geschichte. Hg. v. *Hedwig Röckelein.* Tübingen 1993, S. 295-327.

Bremer, Hildegard: Die Kunstpolitik des Nationalsozialismus. Reinbek 1963.

»Entartete Kunst«. Das Schicksal der Avantgarde im Nazi-Deutschland. Ausstellungskatalog Berlin. München 1992.

Focke, Harald / Reimer, Uwe: Alltag unterm Hakenkreuz. 2 Bde. Reinbek 1979/1980.

Groves, Naomi Jackson: Ernst Barlach. Leben im Werk. Königstein/Ts. o. J.

Heer, Hannes: Thälmann. Reinbek 1975.

Hilberg, Paul: Die Vernichtung der europäischen Juden. Die Gesamtgeschichte des Holocaust. Berlin 1982.

Klee, Ernst: »Euthanasie« im NS-Staat. Die »Vernichtung unwerten Lebens«. Frankfurt/M. 1983.

Klee, Ernst: Persilscheine und falsche Pässe – Wie die Kirchen den Nazis halfen. Frankfurt/M. 1991.

Mammach, Klaus: Widerstand 1933-1939. Geschichte der deutschen antifaschistischen Widerstandbewegung im Inland und in der Emigration. Köln 1984.

Mattenklott, Gert: Entartung. Max Nordans Theorie kultureller Degeneration. In: Museum der Gegenwart – Kunst in öffentlichen Sammlungen bis 1937. Düsseldorf 1987.

Meier, Kurt: Kreuz und Kirche. Die protestantische Kirche im Dritten Reich. München 1991.

Piper, Ernst: Nationalsozialistische Kunstpolitik. Ernst Barlach und die »Entartete Kunst«. Frankfurt/M. 1987.

Protokoll des VII. Weltkongresses der Kommunistischen Internationale. 2 Bde. o. O., o. J. (Reprint Erlangen 1974)

Scharrer, Manfred (Hg.): Kampflose Kapitulation. Arbeiterbewegung 1933. Reinbek 1984.

Schult, Friedrich: Ernst Barlach. Das plastische Werk. Hamburg 1960.

Weber, Hermann: Kommunismus in Deutschland 1918-1945. Darmstadt 1983.

Wippermann, Wolfgang: Faschismustheorien. Zum Stand der gegenwärtigen Diskussion. Darmstadt [5]1989 (Neubearbeitung)

5. Verfilmungen und Hörspiel von »Sansibar«

Sansibar. Fernsehfilm des Süddeutschen Rundfunks Stuttgart. Drehbuch von Leopold Ahlsen, 1961.

Sansibar oder der letzte Grund. Neu verfilmt von Bernhard Wicki, 1985/86.

Aktion ohne Fahnen. Hörspiel Hessischer Rundfunk 1958. Cotta's Hörbühne (Klett) 1987.

987 654 321